新课程下的
中学语文教学
及其设计探究

孙东宁 著

中国大地出版社

·北 京·

图书在版编目 (CIP) 数据

新课程下的中学语文教学及其设计探究 / 孙东宁著
. -- 北京：中国大地出版社，2019.8
ISBN 978-7-5200-0450-3

Ⅰ . ①新… Ⅱ . ①孙… Ⅲ . ①中学语文课 – 教学设计
Ⅳ . ① G633.302

中国版本图书馆 CIP 数据核字（2019）第 191725 号

责任编辑：刘　迪　李如月
责任校对：关风云
出版发行：中国大地出版社
社址邮编：北京市海淀区学院路 31 号，100083
电　　话：010-66554649（邮购部）；010-66554609（编辑部）
网　　址：www.chinalandpress.con
印　　刷：三河市铭浩彩色印装有限公司
开　　本：787mm × 960mm $\frac{1}{16}$
印　　张：16
字　　数：230 千字
版　　次：2020 年 3 月北京第 1 版
印　　次：2020 年 3 月北京第 1 次印刷
书　　号：ISBN 978-7-5200-0450-3
定　　价：76.00 元

前　言

在当前我国全面建成小康社会、加快推进社会主义现代化的关键时期,教育的基础性和全局性地位更加突出,尤其是在整个国民教育体系中发挥着奠基作用的基础教育,是国家建设人力资源强国的重要环节。教育质量的好坏直接决定着国家未来的人才素质,决定着国家的发展振兴。为了迎接和适应这种挑战,寻求课程建设的新的增长点,国家颁布了新课程标准。

随着新课程标准向纵深发展,对教学改革的研究不再局限于教学内容改革、教学方法改革、教学手段改革等,而是越来越重视对教学进行优化设计。高效的语文教学设计是课程标准理念、核心素养要求、学科前沿动态,以及学科教学实践四者的统合,是课程与教学理论和语文教学训练相结合的产物。

就中学语文教学来说,自新课程改革以来,中学语文教学的目标、内容,以及中学语文的课程形态、学习条件、学习方式等都发生了改变,从而对当代中学语文教学提出了一些新的要求。中学语文教学要想有效应对这些新要求,一个重要的举措便是做好中学语文教学设计。因此,中学语文教师必须要掌握教学设计的相关知识与技能,并能进行科学、合理的教学设计。鉴于此,作者在参阅相关著作文献的基础上,结合新课程改革及中学语文教学设计的现状,撰写了《新课程下的中学语文教学及其设计探究》一书。

本书包括绪论和十章内容:绪论中对新课程标准的理念及新课程标准理念对中学语文教学设计的要求进行了简要阐述;第一章对中学语文学科的相关知识进行了研究,第二章对中学语文的教学流派进行了探索,第三章对中学语文教学的技能与艺术进行了探究,第四章对中学语文教学的过程、原则与方法进行了阐述,第五章对中学语文教学设计的基本理论知识进行了研究,第六章至第九章对中学语文知识教学、阅读教学、口语交际教学、写作教学及其设计的相关内容进行了研究,第十章则对中学语文不同体裁的教学设计进行了研究。总体来说,本书具有以下几个显著特点。

第一,时代性。本书紧紧抓住当前教育改革及课程改革的新要求,对当代中学语文教师需要掌握的教学知识与技能进行了相关研究,以期帮助中学语文教师提高语文教学设计的能力。

第二,理论与实践相统一。本书既从理论的角度出发,对中学语文教学设计的基本理论进行了论述,又从实践的角度出发,着眼于一线中学语文教学,解决教学过程中存在的问题与困惑,以切实提高中学语文教师的教学设计能力。

本书在撰写过程中,参考了中学语文教学方面的相关著作,由此获得了丰富的研究资源。在此,向这些学者致以诚挚的谢意。由于作者能力有限,加之撰写时间仓促,书中难免存在错误与疏漏之处,恳请各位专家、学者不吝批评指正,以便本书日后的修改与完善。

作　者
2019 年 5 月

目　录

绪　论

一、新课程标准的理念

国运兴衰,系于教育;教育振兴,全民有责。在党和国家工作全局中,必须始终坚持把教育摆在优先发展的位置。进入 21 世纪后,我国提出的教育目标是到 2020 年基本实现教育现代化,基本形成学习型社会,进入人力资源强国行列。课程是实现教育目的的重要途径,是组织教育教学活动的最主要的依据,是集中体现和反映教育思想和教育观念的载体,因此,课程居于教育的核心地位。为实现教育现代化的目的,推行课程改革势在必行。

从我国教育发展历程来看,中华人民共和国成立后,特别是改革开放以来,我国基础教育取得了辉煌成就,基础教育课程建设取得了显著成绩。但是,我国基础教育总体水平还不高,原有的基础教育课程已不能完全适应时代发展的需要。为贯彻《中共中央　国务院　关于深化教育改革　全面推进素质教育的决定》和《国务院关于基础教育改革与发展的决定》提出的重要任务。教育部于 2001 年 6 月颁布了《基础教育课程改革纲要(试行)》,决定大力推进基础教育课程改革,调整和改革基础教育的课程体系、结构、内容,构建符合素质教育要求的新的基础教育课程体系。本次课程改革将我国沿用已久的教学大纲改为课程标准,反映了课程改革所倡导的基本观念,基础教育各门课程标准的研制是基础教育课程改革的核心工作。

课程标准是国家课程的纲领性文件,是国家对基础教育课程的基本规范和要求,是教材编写、教学、评估和考试命题的依据,是国家管理和评价课程的基础,它体现了国家对不同阶段的学生在知识与技能、过程与方法、情感态度与价值观等方面的基本要求,规定了各门课程的性质、目标、内容框架,提出了教学和评价建议。新一轮的课程标准具有如下特点。

（1）新课程标准力图在"课程目标""内容标准"和"实施建议"等方面全面体现"知识与技能、过程与方法以及情感态度与价值观"的三维教学目标,而三维教学的核心在于促进学生的全面发展把素质教育的理念落实到教育教学实践中。

（2）新课程标准关注学生的兴趣与经验,精选学生终身必要的基础知识和技能,努力改变课程内容繁、难、偏、旧的现状,密切关注教科书与学生生活以及现代社会、科技发展的联系。

（3）新课程标准重视学生的主体性,倡导在基础教育课程改革中要重视学生主观能动性的发挥,使其能积极主动地参与教育教学,提高教学效果。但需要注意的是,体现学生的主体性并不是给学生绝对的自由,课堂上让学生自由组合进行分组讨论时,如果教师不能进行很好地引导,整个课堂就可能会失去纪律性,教师在让学生自主学习的同时,还要做好相关的规划。

（4）新课程标准也强调教师的主体性,它虽然认为在课堂上为了体现学生的主体性,教师要给学生一定的主动权,让学生尽量多说、多做,但基础教育阶段的学生往往存在说不到位、做不到位的现象,在这种情况下,如果教师还一味表扬,无法对其进行正确引导和启迪,因而教师也需要发挥主动性,积极引导学生走向正确的学习道路。

结合新课程标准及其特点,研究者提出了以下新课程标准理念。

（1）构建"三维一体"的教育目标。传统教学中,以材料为中心,只重视知识技能传授而忽略态度情感目标、过程与方法目标,受到教学认识观的局限性所限。新课程标准明确将课程标准从"知识、技能""过程与方法""态度、情感、价值观"等方面进行表述,提出了三维教学目标,为此,构建"三维一体"的教育目标就成为基础教育改革的一个重要内容。"三维一体"的教育目标实际上包含了对学生知识技能、情感态度的培养。

在教学过程中，只有充分重视学生的主体参与，充分重视学生的活动与实践，充分重视学生的领悟和体验，才可能实现知识掌握、能力培养、个性发展同步的目标。在教学实践中，既不能机械地、割裂地理解这"三维"目标，穿靴戴帽，牵强附会，分别"落实"，也不能把所有的目标都简单地量化、打分，或给予一个等级，更不能只看到知识、技能目标，忽略其他目标，认为知识、技能是硬性的、显性的，可以量化的，而情感、态度、价值观则是隐性的、潜在的，因为其见效慢而不重视，从而真正把教育放在关注学生作为一个完整的人的成长上。大量课堂教学实践告诉我们：只有将"三维"目标整合地实施，教学才能深入学生的内心世界，才能唤起学生的需要，才能取得较好的教学效果，课堂教学才能呈现出生动活泼、主动的"生命状态"。

（2）在课程目标上，新课程标准致力于学生基本素质的全面提高与个性的健全发展。现行教学大纲过多地关注基础知识与基本技能的要求，而对学生作为未来社会公民的基本素质的要求则重视不够，且由于教学大纲具有很强的指令性而缺乏灵活性，学生的个性也难以获得健全的发展。新课程标准着眼于未来社会对国民素质的要求，留出了很大的弹性空间，为学生个性的发展提供了一个宽广的平台。显然，新的课程标准注重培养身心全面和谐健康发展的人，而不是培养只具有工具理性的人，它体现出的是一种教育民主化、个性化的发展趋势，反映的是一种教育全面化的价值取向。

（3）建立新的学习观和教学观。新课程倡导探究式教学，提倡教师在教学中要能激发学生的学习积极性，向学生提供从事探究活动的机会，帮助学生自主探索和合作交流。"探索—自主建构""交流与合作"的学习方式，极大地调动了学生的学习积极性，这就要求建立新的学习观和教学观。一方面，教学是对话与知识的建构活动，没有与学生沟通的教学是不可想象的。新课程教学中教师应建立这样的观念,即自己与学生是平等的关系,互相尊重,真诚交往,共同探求知识,交流获得知识的体验。另一方面,教师把学生看作是自主的学习者,学生不应是被动地接受知识,而是主动地进行知识的建构。通过自主的知识建构活动,学生的创造力、潜力等得以发挥,情感、态度、价值观得以陶冶,个性得以发挥。

二、新课程标准理念对中学语文教学设计的要求

新语文课程标准是在课程改革日益加深、对语文教学的反思不断深入的前提下出台的。同以往课程执行者的角色不同,新语文课程标准背景下的语文教师,既是课程的开发者,又是实施者和评价者。教师负责对学科内容的增删、调换,学科之间的整合,对课内教学资源的开发;根据校本原则、区位原则,策划各种语文主题活动,即对课外教学资源的开发。在实施过程中,教师要有一定的角色转换能力、策划能力、公关能力和动手操作能力。

在新课程标准之前,中学语文课程开发是教育部的事,是课程专家的事,教师只是课程的实施者。现在却把课程的开发权下放给教师,对课程资源的解释也渗透了"大语文"理念。语文教学的时效性、实践性、综合性、活动化得到前所未有的强调,这就对中学语文教师的教学设计提出了很高的要求。

在语文教学目标设计上,新的课程标准对语文教学提出了新的要求。课程标准所确定的课程目标,无疑是教师们制定教学目标的根本依据。而课程标准所展示的全新的教育观念和全新的目标内容,无疑会给多年以来在旧路上走惯了的语文教师以前所未有的冲击。语文教师必须改变旧的教育理念,必须改变以往教学目标设计的封闭模式,代之以新的教育理念和新的开放的教学目标设计。

一般来说,新的开放的教学目标设计应充分体现人文精神与科学精神的融合。语文是重要的交际工具,是人类文化的重要组

成部分。新的语文课程标准对语文性质做了明确的界定。这种语文教育基本功能和性质的重新定位,突出了语文教育从纯"工具"走向关注"人"的价值取向的根本转化,是语文课程改革所追求的人文精神和科学精神融合的生动体现。同时,新的开放的教学目标设计应以学生的全面发展为起点和终点,学生是学习和发展的主体,《语文课程标准》在"前言"和课程"总目标"中集中展示了新的教育理念,认定工具性和人文性的统一是语文课程的基本特点,全面提高全体学生的语文素养是语文课程的基本任务,要求语文课程必须根据学生身心发展和语文学习的特点,关注学生的个体差异和不同的学习需求,爱护学生的好奇心、求知欲,充分激发学生的主动意识和进取精神,倡导自主、合作、探索的学习方式。教学内容的确定、教学方法的选择,评价方法的设计,都应有助于这种学习方式的形成。

此外,在设计过程中,要完整地、正确地理解语文新课程理念实质,真正落实"学生要活动充分,课堂积累要丰富"这一新语文课程标准的精神,在客观上要创造出适合学生实际的、生动的、充满生命气息的语文课程;在主观上要创设情境,搭建互动平台,吸引学生参与体验。具体来看,教师要在教学中建构完美的语文课程,如不按部就班地以语文教材的先后顺序进行课程教学,而根据学生的需求情况、教育目标的设置等将课程顺序进行调整,也可以让班上的学生进行合作探究、对话交流,并把它作为一种课程资源储蓄下来,以丰富、形象化语文课程。同时,教师还可以用优美的导语,借助多媒体来创设情境,激发学生的学习兴趣。

第一章　中学语文学科总论

语文是重要的交际工具。相对于人类的思想交流、文化传播和思维活动而言,语文是工具;相对于中学生一生、课程结构而言,语文是基础工具。同时,语文又是人类文化的重要组成部分。中学语文学科是教学,同时也是教育;是科学,同时也是艺术;是知识传递,同时也是技能培养;是语言训练,同时也是思维增进;是语言活动,同时也是文学鉴赏。语文学科有丰富的人文内涵,对中学生的精神世界有深广的影响。本章就中学语文学科的性质、功能、教学目的、教学内容,以及教材分析等内容进行阐述。

第一节　中学语文学科的性质与功能

一、中学语文学科的性质

作为一门学科,其性质问题是统揽全局的理论问题,性质观是语文教育观的灵魂,它制约着语文教育的地位、功能、目的、教材、教法、质量、测评、体制等。对语文学科的性质,可做以下概括。

（一）语文学科的人文性

人文性是指对人自身完善的关注与追求,包括人的尊严、价值、个性、理想、信念、品德、情操等方面。在中国,"人文"一词,最早见于《易经》:"观乎天文,以察时变,观乎人文,以化成天下。"这里的"人文"指"礼教文化"。以人文性为基本特征的人文学科源于古罗马西塞罗一种理想化教育思想,指古罗马时代成长为人即公民(自由民)的必修科目,大致包括哲学、语言修辞、历史、数学等,拉丁文原文有"人性""人情"的意思,又与"开化、教化"通用。这些解释集中地体现了"人文性"的特点,也就是对人的教化,这和《易经》中指"礼教文化"的"人文"是一个意思。可见"人文性"这个概念比"思想性"的内容丰富得多,比"非智力因素"确切得多。人文学科发展演变至今,仍以作为主体的人为对象,它关注的是促使个人成长,使其臻于理想态,它教的与其说是技术,不如说是人的素质修养。

语文学科教的是一篇篇文章,多数文章主要是社会科学的结晶,自然充满着人文性。重视人文性,就是重视对人的道德的培养,对中华文化的传播,这也恰恰是传统语文教学的显著特点。孔子就是以诗、书、礼、乐教弟子。诗、书、礼、乐是西周文献的汇编,将伦理、政治、哲学、礼法、音乐、天文等诸多方面的内容都包罗进去了。沿着孔子道路走下去的有孟子、荀况、董仲舒、韩愈、王安石等,他们向世人传播诗、书、礼、易、春秋。经南宋朱熹等人的努力,编辑了称之为"四书五经"的经典教材,以此作为传播五千年灿烂文化的载体,在中国历史上整整风行了八百余年。古代各种人文学科均受其影响。这些学科借助各种文章的教学让学生领悟人性、天道、事理。现代语文教学更要重视人文性,把培养具有良好修养、高尚人格、健康心态的人作为语文学科的重要任务。

人文性为语文学科所有,但并不为语文学科所专有,不仅社会学科有人文性,就连自然学科也有人文性,科学求真、求实,本身就具有文化价值。因此,人文性不能决定语文成其为语文并把语文和其他也具有人文性的学科区分开来。人文性只能算是语文学科的一般性质。但一般性质并不都等于次要性质。从价值取向看,人文性这个一般性质,恰恰是语文学科的十分重要的性质。强调语文学习的人文性,实际上是强调语文学习的文学熏陶、文化价值、审美教育、情感培养、人格完善,以及灵感、顿悟、直觉等诸多涉及学生全面发展的素质因素。在应试教育的冲击下,语文教学出现了生硬编排知识能力的所谓"科学训练体系"和刻板地追求语言思维发展的逻辑体系等"科学主义"错误倾向。因此,提倡人文性,不仅有利于发挥语文审美功能,提高中学生的审美能力。

（二）基础工具性

语文是最重要的交际工具,也是最重要的文化载体。中学语文教学是以语言教学为主要任务的基础学科,尽管它渗透人文教育的内容,但这并不影响人们对语文具有基础工具性这一本质特征的理解。从学科的教学内容看,构成中学语文教学内容的主要成分是语文基本素材(字、词、句)、语文基本知识(如汉语知识、修辞知识、文学常识)、语文基本能力(读、写、听、说)。它们通常体现在成篇的文章(课文)中,课文之中包含着多方面的内容。然而,语文教学的重点,常常不在课文的内容,而在于课文的形式。

从语文学科的作用看,语文学科是一门基础学科,对于中学生学好其他学科,今后工作和继续学习,对于弘扬民族优秀文化和吸收人类的进步文化,提高国民素质,都具有重要意义。可见,语文学科具有明显的工具性。

二、中学语文学科的功能

语文学科是一门基础学科。它单独设科,是人们从长期教育实践中明确地认识到语文教育功能的结果。中学语文学科的功能,可从基本功能、具体功能这两大方面来阐述。

（一）基本功能

1. 突出的全面性基础功能

语文是学习各门学科必须掌握的工具。语文学得好,对学习其他学科会产生积极影响。中学生要学的任何一门学科知识,都是以语言为载体。语言是吸收各门科学知识的工具,中学生语言能力水平越高,学校里各门学科知识的学习就越容易取得成绩。

学语文更是为将来从事各项工作打基础。因为任何一项工作都离不开理解和表达。如果没有学好语文,就会影响人与人之间的交流,对其工作、生活、学习都将产生不利的影响。19世纪,英国著名物理学家和化学家法拉第对光的电磁说曾提出基本理论。但是,由于他不善表达,没有引起多少人注意。一直到麦克斯韦用通俗明畅的语言对这种理论进行说明后,才被世人公认。

中学教育是基础教育,从这个意义上讲,中学的学科都具有基础性,但不像语文那样具有全面性基础功能。语文学科既是中学其他学科学习的基础,又是今后更高层次的理论学习的基础,还是今后工作、生活的基础。

2. 广泛的社会应用功能

除语文,其他学科也都有应用的一面,但都不像语文这样是社会的应用,有着无可比拟的广泛性。语文学科广泛的社会应用功能首先表现在对于弘扬中华民族优秀文化和吸收人类的进步文化方面。其次表现在促进国家现代化建设方面。语文现代化,人工智能、声控技术直接参与物质生产,语文学科在国家现代化建设中的作用越来越大。语文学科的社会应用功能,具有强烈的现代化气息,也为语文教学民族化和现代化提供了理论基础。教师要引导中学生在学习中处理好大语文和小语文的关系。在广泛的社会运用中去学习,并且完全为着广泛的社会应用而学习。

3. 深刻的个体移情功能

中学任何一门学科的学习,都是个体的认识和实践活动,但不像语文学习那样在思想感情上发生巨大的震动和深刻的变化。语文教学中,深刻的个体移情功能表现在师生的情感相通、中学生的情感再造和情感突变方面。教师以对中学生的热爱之情为动力,把文中之情挪移到中学生心中,掀起中学生感情的波澜,使教师情、文中情、学生情三情合流,产生情感的和谐共振,从而使中学生受到感染和教育。这就是师生的情感融通。当中学生受到某种情感的激发,产生出一种情感来,并且迫不及待地要把这种刚产生出来的新情感加以表达,这就是情感再造。情感再造,学生骨鲠在喉,非吐不可,势必要转化为一种口头或书面作文的动机,这大大有利于提高学生的听、说、读、写能力。教师长期地用课文的思想感情、知识素养、审美意识促使中学生在道德品质上,或在学习上以及其他方面有了一个质的飞跃,就叫情感突变。这种深刻的移情作用显示了语文学科的另一特色和优势,直接影响着应用功能的发挥。

（二）具体功能

中学语文学科的具体功能体现在以下几个方面。

1. 语文知识的传递功能

语文知识是中学生语文素养的有机组成部分。语文知识包括语言知识、文学常识、读写听说知识、他人的言语经验和社会文化知识。语文知识体现了综合性人文知识的特征,外延宽广,内容丰富,是语文学科内容的重要组成部分。

2. 语文能力的培养功能

培养中学生的语文能力是语文学科设置的出发点,是语文学科的中心任务,因此语文学科在培养中学生的语文能力方面理所应当发挥其核心功能。语文能力不仅包括阅读、写作、口语交际等外在的言语行为能力,还包括隐含于言语行为之中的分析与综合、抽象与概括、比较与分类、想象与联想等思维能力,同时还应该包括语文综合性学习能力。语文学科在培养学生语文能力上具有承担着多方面的任务、发挥着多种功能的作用。语文新课标的一个亮点就是提出了综合性学习能力和综合性应用能力培养目标,这不仅是时代发展和学科自身建设的需求,也是为了每一位学生终身发展的需要。语文综合性学习能力和语文综合性应用能力的培养,体现了语文学科的综合性和社会性特点。综合性学习和综合性应用体现为语文知识的综合学习与应用,听、说、读、写能力的整体发展以及学科间的交叉与渗透,强调现代社会的信息搜集和处理能力。综合性学习活动是一种新的学习形态,是各种语文学习活动的融合,是培养学生语文综合性学习能力和语文综合性应用能力的重要途径。

3.人文教育功能

语文学科的人文教育功能主要体现在对学生进行文化教育、人格教育和情感、态度、价值观教育等方面。

语文学科的功能既有独特性又有综合性,这种多重功能是其他课程无法比拟的,这就决定了语文学科在基础教育阶段的特殊地位。这就要求在教学中把握主要矛盾,兼顾次要矛盾,构建全方位立体式的语文课堂结构,营造有利于学生语文学习的氛围,使语文学科的功能得到最大程度的发挥。

第二节　中学语文学科的教学目的与教学内容

一、中学语文学科的教学目的

语文学科的教学目的是着眼于全面提高中学生的语文素质。教学目的分总目的、阶段目的和具体目的。这是三个不同层次的目的。

总目的是指整个学科的教育目的。它通常由国家教育管理机构制定,以大纲的形式颁布。

我国第一个初中义务教育语文教学大纲为《九年义务教育全日制初级中学语文教学大纲(试用)》,1992年6月国家教委在1988年《九年制义务教育全日制初级中学语文教学大纲(初审稿)》的基础上制定。该文件关于"教学目的"是这样表述的:"在小学语文教学的基础上,指导学生正确理解和运用祖国的语言文字,使他们具有基本的阅读、写作、听话、说话的能力,养成学习语文的良好习惯。在教学过程中,开拓学生的视野,发展学生的智力,激发学生热爱祖国语文的感情,培养健康高尚的审美情趣,培养社会主义思想品质和爱国主义精神。"

2002 年 7 月颁布的《高中语文教学大纲》对教学目的的表述:高中语文教学,应在初中的基础上,进一步提高学生的语文素养,使他们具有适应实际需要的现代文阅读能力、写作能力和口语交际能力,具有初步的文学鉴赏能力和阅读浅易文言文的能力。

阶段目的是指把语文学习的整个过程分为若干个学习重点不同但又是互为衔接的阶段,在每一阶段所要达到的目的。

具体目的是教师在教学时在总目的和阶段目的的制约下,根据教学内容、教学对象等具体情况而制定的教学目的。它是实现总目的的基础。具体目的如一册课本应达到的目的、一个单元应达到的目的、一个特定课题应达到的目的等。

二、中学语文学科的教学内容

教学内容主要指教师为达到课程目标,在教学的实践中利用教科书所提供的教学材料,选择恰当的语言材料传递课程内容所规定的目标信息。它既可以是教师对现成教材内容的使用,也可以是教师对教材内容的二度开发:处理、加工、改编、增删、更换等重构的教材内容。尽管中学语文教学的主要内容来自课本中的文章(课文),语文教师仍然要慎重选择教学内容。

一般来说,中学语文教学内容由下列四个方面组成:语文基本素材(字、词、句);语文基础知识(语法知识、修辞知识、文章读写知识、文学常识、口语交际知识);语文基本能力(如阅读能力、写作能力、口语交际能力、综合运用语文的能力);良好的语文学习习惯(如说普通话、熟读背诵课文、美文的习惯;规范书写、文面整洁美观的习惯；听、看时事，说、写评论的习惯等）。

此外，中学语文教学内容还包括情感内容：第一，培养学生的爱国主义精神，激发学生热爱祖国语文的感情，培养社会主义思想道德品质。第二，扩大知识面，努力开拓学生视野，注重培养创新精神，提高文化品位和审美情趣。第三，引导学生形成正确的人生观、价值观、世界观，发展学生的健康个性，逐步形成健全人格。

第三节　中学语文的教材分析

广义的中学语文教材，包括语文课本、教学参考书、课外读物、音像资料等。狭义专指中学语文课本。中学语文课本是中学语文教学大纲的具体化，是依据大纲编写的具有权威性、规范性、指导性的教学用书。教师完成任务、实现教学目标，需要凭借语文课本；学生完成学习任务、掌握知识技能，也要凭借语文课本。一套理想的语文课本，不但科学地规划了教学的内容和步骤，而且合理规范着教与学的方法。语文教材分析是实现有效课堂教学、提升教师素质的重要内容和手段，有助于完成语文知识的"双重转化"，实现知识的能力价值。

一、中学语文教材的结构

与其他学科的教科书相比，中学语文教材的结构有明显的不同。其他学科教材，一般都以本学科的知识体系为线索，或由浅入深（如数、理、化），或由远及近（如历史），或由此及彼（如地理），按一定的逻辑顺序来编排内容。相对而言，语文教科书结构要复杂得多，并有它特殊的构造。

（一）中学语文教材的内部结构系统

中学语文教科书的内部结构，一般包括两条线索和四个系统。

两条线索是指知识线索和能力训练线索。这两条线索要借助四个相互联系的系统，组织起全部的教学内容，这四个系统就是范文系统、知识系统、作业系统、导学系统。这四个系统的合理编组，便形成一套教科书的基本结构。

1. 范文系统

范文是中学语文教材特别是阅读课本的主体部分。在阅读课本中，范文也就是课文，在作文课本或语文基础知识课本中，范文有时叫作例文，用来揭示写作规律或印证某种知识的范例。把范文作为教科书的主体内容，并使之形成一个独立的系统，是语文教科书区别于其他学科教科书的一个鲜明特点。

2. 知识系统

中学语文教科书中的知识系统，从中学阶段语文教学的要求出发，应有自己确定的范围。知识系统包括读写听说方法的知识、文体的知识、语言的知识、逻辑的知识、文学的知识。

3. 作业系统

语文教学要培养中学生正确理解和运用祖国语言文字的能力。这种能力要靠中学生切切实实地动口、动手、动脑去"练"。"练"，要有目标、有计划，也要有指导。按照一定目标有计划地设计出一套"练"的方案或题目，便构成教科书中的作业系统。作业系统，有助于教师检测教学效果，中学生自测学习效果，有利于中学生消化基础知识，实现知能转化，形成语文能力。

4. 导学系统

导学系统又叫助读系统、提示系统，其实质性内容就是对学习的要求、重点和方法提示，对某些疑难问题诠释，对相关资料引述等。体现统一标准的导学材料常见的有"编辑说明""单元学习要求""单元教学内容支配表""课文预习提示""课文自读提示""作前指导""注释""题解""作者简介""参考资料""复习提要表"以及某些附录材料等。

（二）中学语文教材的结构类型

中学语文教科书中的范文系统、知识系统、作业系统和导学系统可以有各种不同的组织编排方法，从而形成教科书在结构上的不同类型。综观几十年来我国中学语文教科书的编制，其基本结构大致可以分为两类：一类是分编型，另一类是合编型。

1. 分编型

所谓分编型，就是把范文系统、知识系统和作业系统包含的内容，分别编制成几种教科书。这在实践上曾经做过不同的尝试，主要有两分法和多分法。

（1）两分法就是把教学内容分别编制成两套教科书，类型有文言、白话分编；文学、汉语分编；阅读、作文分编；等等（表1-1）。

表 1-1　两分法类型

项目	相关表述
文言、白话分编	在范文系统中，原有文言、白话两种不同的语体；这两种不同语体的文章，可以混合在一起编入教科书，也可以分开来互不相扰地分别编入教科书
文学、汉语分编	文学属于艺术范畴，汉语属于科学范畴，二者的学习要求和学习规律不同，所以这二者不能"混合教学"，应编制文学和汉语两套教科书；文学教科书，在初中阶段按文学体裁编选范文，高中阶段按文学史顺序编选范文；汉语教科书，按语音、文字、词汇、语法、修辞的体系编写教学内容，不再编配范文
阅读、作文分编	读和写尽管联系密切，但前者重在理解和吸收，后者重在表达和倾吐，有各不相同的培养途径和学习方法；阅读教科书，以范文系统为主体，配以知识系统、作业系统和导学系统；写作教科书，以知识系统为主体，配以范文系统、作业系统和导学系统；这类阅读、写作分编教科书，对于听说能力训练和语言基础知识讲授，有各不相同的处理方法
读本、练本分编	在一般课堂使用的读本以外，再把作业系统独立出来编成一本练习册，二者配合使用
课内、课外分编	在一般课内使用的读本以外，再编一本课外阅读材料；还有把阅读和写作合编一本，再另编语文基础知识读本

（2）多分法。就是把教学内容分别编制成三种或三种以上的教科书。具体又有繁化多分法、简化多分法。

繁化多分法：中学语文教科书中的范文系统和知识系统，包含的内容是多方面的。如果把其中一些内容独立出来，分别编成教科书，那就可以编制出多套教科书来。

简化多分法：如果将头绪稍加简化，那就可以把语文教学内容归纳为阅读、写作、听说和语文基础知识四项，按这四项分别编制阅读教科书、写作教科书、听说教科书、语文基础知识教科书，由繁变简，便是简化多分法。

分编型教科书的优点是知识讲授的系统性较强，但也有一定的不足。首先是范文系统、知识系统和作业系统之间，以及范文系统内部、知识系统内部各方面的知识和能力之间，难以处理好相互的联系和沟通。其次，一个任课教师同时使用多种教科书，要求高，负担重，教师要有足够的时间、精力和水平，否则难以驾驭。

2. 合编型

合编型，就是把语文教学内容混合编制成一种教科书。合编型也有不同的"合"法：范文选编法、主次配合法、综合组元法（表1-2）。

表1-2 合编型的不同"合"法

项目	相　关　表　述
范文选编法	这是我国传统的教科书编制法，用这种方法编制的教科书，全书都以精选的范文为主体，如《古文观止》
主次配合法	具体又有不同的体例：第一，以培养阅读能力为主，穿插配合其他。这种体例的合编型教科书，以范文系统为主体。在编排时，或按文体、或按内容、或按时代把范文组成单元。在范文系统的各单元之间，穿插编入一篇听说读写基础知识的短文，短文前后保持联系，形成一个知识系统。第二，以培养写作能力为主，有机配合其他。这种合编教科书，也以范文系统为主体，但范文的选择和编排主要服从于培养学生写作能力的目的。第三，以传授语文基础知识为主，相应配合其他。这种体例的合编书，把语文基础知识分解成若干项目，选编相应的范文

续表

项目	相　关　表　述
综合 组元法	就是在一个单元中包容了范文阅读、写作和听说训练以及各种相关知识的讲授等多方面的内容,这些内容在特定的教学目标制约下,彼此沟通、彼此联系,形成一个相对独立的、听说读写综合训练的整体;综合组元法的编制难度尽管比较大,但因为体现了语文教学的综合性和整体性特点,所以成为当前合编型教材的发展趋势,并呈现出多姿多彩的局面

二、中学语文教材分析的依据

中学语文教材分析的依据主要是语文学科课程标准、语文学科性质和语文学科知识体系,还有学情。

（一）语文学科课程标准

从教材的本质看,教材是课程的载体,教材作为课程的载体,承载着课程的目标、内容、实施和评价要素。语文学科标准是语文学科教学的指导性文件、纲领性文件,是编写教材和进行教学的依据。它详细规定了语文学科的性质、任务、教学目标等。语文教科书是根据语文学科标准对教学材料做出的具体设计,前者是后者的落实,后者是前者的依据。

（二）语文学科性质和语文学科知识体系

从整个现代语文发展轨迹来看,由于语文学科几乎囊括了人类所有学科的知识,语文学科性质和语文学科知识体系又是最复杂、最具争议的两个话题。纵观其发展历程,以 2001 年启动的课程改革为标志,"语文学科"被定义为一门"学习语言文字运用的综合性、实践性课程"（《义务教育语文学科标准》2011 年版）。据此,语文学科的知识体系可以分为两大部分:一部分是语言的工具性知识体系;另一部分是人文性知识体系。认识语文学科性质和知识体系,在分析教材时,才能看清教材的知识结构和体系;才能把各部分教材内容放在语文学科知识体系中来理解,认识它们各自的地位和作用；才能从知识方面居高临下，深刻地理解知识的内容，做到深入浅出；才能用发展的观点掌握好知识，避免教学中的绝对化和片面性。

（三）学情

学情就是中学生学习的状况，具体包括中学生在接受具体学习任务时的知识基础、接受水平、求知需求、思维特点、学习方法、学习习惯等。从教学的机制和目的看，教是为了学；从教学的规律来看，只有当"教"适应"学"时才能收到理想的效果。教材分析的目的就是为了更好地实现从"教"到"学"的转化，通过教材分析应该提出什么样的学习要求、确定什么样的教学内容，设置什么样的作业等，首先必须弄清楚中学生在特定的学习阶段里从什么样的语文基础起步，经过努力要达到什么样的语文程度，其身体素质和心理素质能否适应并因此能否得到进一步提高。所以，学情分析也是搞好教材分析的重要前提和依据。

三、中学语文教材分析的过程

语文教材分析一般可按全套、各册教材、单元、篇目等层次进行，通常采用从整体到局部逐步深入的方法。分析中要注意整体和局部之间的联系，把语文学科标准中的要求落实到具体教学过程中。

（一）通览教材内容，钻研教材编排方式和单元组合方式，把握教材体系和特征

为了把握教材的体系，拿到一套教材，首先应该认真阅读和领会教材的编辑说明或序言。因为，一般来说，编者总是把编辑这本教科书的编辑意图、编制体例、单元设置、重点难点以及使用方法在书中有一个总的交代。理解了这些内容，也就从宏观上对这套教材的编辑指导思想有了一个初步认识。接着就应通读整

套教材,做到对语文教材体系的整体把握,明确各册教材在学段和学科教学中的地位和作用,弄清各册教材内容的呈现特点和前后的逻辑关系。

（二）分析单篇课文的具体目标及内容结构

分析单篇课文的具体目标、重难点和内容结构,是语文教材分析的第二步,也是整个教材分析的主体部分。根据教材的形成过程,又可以分为以下三个环节。

1. 熟读课文内容，追寻作者原意

单篇课文首先是作者创作的产品,作品形成之际,所用题材和所突出的形象,无不体现着作家的创作意图。理解作者的创作意图,是理解课文的必由之路,更是编、教、学的起点。所以,熟读课文、追寻作者原意,就成了分析和解读教材的第一步。

2. 整合教材构成要素，明确编辑意图

课文作为课程的载体,不仅承载着课程的内容,也受到课程目标的制约和指导。编辑经过精心设计和挑选,一方面,借助适宜的作品将这种制约和规定隐含在课文系统中;另一方面,又辅之以导学系统和作业系统,贯彻其编辑意图。教师要整合这些系统不断去揣摩编者的用意,通过分析搞清楚教材中知识的逻辑结构,该部分教材中的重点知识和难点知识,该部分教材的工具性和人文性是怎样体现的,该部分教材中包含了哪些语文知识和能力培养的因素,该部分教材渗透了哪些思想教育的因素。这个过程也正是教师在教学过程中努力去实现教育目的规定性的体现。

3. 精读课文，设置教学目标，设计教学过程

教材作为课程的载体,不仅承载着课程的内容,也受到课程目标的制约和指导。即使编者在编辑说明中清楚地交代了教材的编辑体例和思想,那也毕竟只是一种宏观的、概括的说明。在钻研教材编排方式和单元组合方式的过程中,找出课程目标与教

学目标之间的联系点和突破点,对语文教材进行深入钻研,分析每一段,研究每一句,斟酌每一词与每一字,细致、具体地分析教材。

第二章 中学语文教学的成熟：
中学语文教学流派探究

自 1978 年党的十一届三中全会以后，我国开始进入改革开放的新时期，政治、经济、文化、教育等各个方面都发生了重大改变。在这种形势下，中学语文教学也开始进行一定的改革，以期扫除中学语文教学存在的弊端，切实促进中学语文教学的健康发展。而在这一过程中，涌现出一批极富改革精神和创新能力，在教学思想、教学模式、教学风格等方面形成了自身鲜明特色的优秀中学语文教师。在他们的带领下，逐渐形成了一些富有特色的中学语文教学流派，促使中学语文教学逐渐走向了成熟。在本章中，将对中学语文教学流派的相关内容进行深入探究。

第一节 中学语文教学流派的形成原因分析

中学语文教学流派指的是在中学语文教学思想和主张方面形成了一定的认识体系，并具有一定影响的派别。它的出现是中学语文教学日趋繁荣的表现，也充分体现了改革开放以来中学语文教学的发展历程与成果水平。不过，中学语文教学流派的形成并非是偶然的，而是与社会发展、时代进步、中学语文教学的改进以及中学语文教师的积极探索都有着密不可分的关系。概括来说，中学语文教学流派的形成原因主要有以下两个。

一、中学语文教学流派形成的内部原因

中学语文教学流派的形成有其内部原因,其中较为重要的有以下几个。

(一)鲜明的教学主张促进了中学语文教学流派的形成

鲜明的教学主张是中学语文教学流派得以形成的一个重要原因。事实上,自改革开放以来,中学语文教学流派在形成与发展的过程中,逐渐形成了自己鲜明的教学主张,具体体现在代表人物的论文、著作和教学实践之中。此外,透过鲜明的教学主张,人们可以更好地对中学语文教学的不同流派进行认识与辨认。

(二)有效的教学模式促进了中学语文教学流派的形成

教学模式是教学理论与教学实践的桥梁,既是教学理论的应用,能够直接地指导教学实践;又是教学实践的理论化、简约化概括,可以促进教学理论的进一步丰富与发展。

有效的教学模式,也是促使中学语文教学流派得以形成的一个重要原因。比如,魏书生的"课堂教学六步法",洪镇涛的"四步语感训练教学法"等。这些教学模式既是中学语文各教学流派的标志性内容,也是中学语文各教学流派提高教学效率、教学质量的重要方式。

(三)典型的教学实例促进了中学语文教学流派的形成

中学语文教学流派是建立在它们所创造的一系列扎实、优秀的教学实例基础之上的。虽然说一些典型教学实例所涉及的课文在当前已经退出了中学语文教材,但其仍然对广大的中学语文教师有着重要的启迪作用,而且表明了某一流派的中学语文教学所取得的重要成效。因此,典型的教学实例是中学语文教学流派得以形成的一个重要实践支持。

（四）独特的教学风格促进了中学语文教学流派的形成

中学语文教学流派的代表教师在自己的教学实践中，也会逐渐形成自己独特的教学风格。而中学语文教师教学风格的形成，总体上来说会受到其个性特征、知识积累、能力水平、个人修养、教学追求等方面的影响，从而呈现出不同的教学风格，如追求情感的激情型教学风格、注重逻辑思维的谨严型教学风格等。因此，透过中学语文教师的教学风格，也可以大致辨识其所属的中学语文教学流派。

（五）代表人物的积极活动促进了中学语文教学流派的形成

中学语文教学流派的形成与其代表人物的积极活动有着密不可分的关系，具体表现在以下几个方面。

1. 积极主动地参与中学语文教学改革

中学语文教学流派是在中学语文教学改革实践的基础上形成的，而中学语文教学流派的代表人物则基本都是中学语文教学改革实践的重要参与者，这也成为中学语文教学流派得以形成的一个重要条件。比如，魏书生的语文教学管理改革实验是中学语文教学的管理派得以形成的一个重要基础。

2. 积极发表科研论文与著作

中学语文教学流派的主张，主要是通过代表人物发表的科研论文与著作展现出来的。因此，代表人物积极发表科研论文与著作，也是促使中学语文教学流派得以形成的一个重要原因。

3. 积极交流与传承教学思想

中学语文教学流派的代表人物，为了宣传、传播他们的教学思想，通常会到全国多地进行演讲和授课。代表人物的这一活动不仅能扩大其所属的中学语文教学流派的影响，而且能促进其所属的中学语文教学流派的形成与不断发展。从这一角度来说，代表人物积极交流与传承教学思想也是中学语文教学流派得以形成的一个重要条件。

二、中学语文教学流派形成的外部原因

在中学语文教学流派的形成过程中,仅仅有内部促进因素是不够的,还必须有积极的外部力量推动。具体来说,推动中学语文教学流派形成的外部原因主要有以下几个。

（一）改革开放的时代动因促进了中学语文教学流派的形成

随着改革开放的进行,我国的工作重点转移到社会主义现代化建设上,各项工作逐步走上了健康发展的道路,语文教育工作也出现了前所未有的大好形势。在此影响下,包括中学语文教学改革在内的语文教学改革的热情逐渐释放出来,中学语文教学流派也随着中学语文教学改革的实践而逐渐形成了。

（二）语文教学改革的浪潮促进了中学语文教学流派的形成

自改革开放以来,我国越来越重视语文教学改革。而对以往语文教学弊端的批判,是这一时期语文教学改革的起点,并引发了全国范围内轰轰烈烈的语文教学改革的浪潮,而不少中学语文教学流派就是在这次语文教学改革浪潮中逐渐形成的。

（三）社会各界力量的支持促进了中学语文教学流派的形成

要促进中学语文教学流派的形成,仅仅有代表性的著作是不够的,还必须有广泛的社会认同和社会影响力,形成大批的追随者,不断把教学流派的思想与风格传播开来、传承下去。要达到这样的社会效果,就需要社会各界力量的支持。因此,社会各界力量的支持也是促使中学语文教学流派形成的一个重要外部原因。具体来说,在中学语文教学流派的形成过程中,社会各界力量的支持主要体现在以下几个方面。

第一,广泛的媒体传播促进了中学语文教学流派的形成。

第二,有力的行政推广促进了中学语文教学流派的形成。

第三,研究组织的活动促进了中学语文教学流派的形成。

第二节　中学语文教学的情感派与思维派

一、中学语文教学的情感派

(一)中学语文教学情感派的形成与发展

中学语文教学的情感派诞生于中学语文教学改革的黄金时代,发轫于当代中学语文教育的复兴时期。在党的十一届三中全会之后,中学教育开始复兴。改革开放和广大中学语文教师思维方式的变化,为中学语文教育的复兴提供了社会环境和思维环境,而语文教学的使命感激发了广大中学语文教师献身教育事业、投身教学改革的热情。在这一背景下,中学语文教学的情感派应运而生。也就是说,中学语文教学情感派是以中学语文教师自身的素质和对语文教育执着的爱为基础形成的。具体来说,中学语文教师在教学过程中各有所长,有的中学语文教师普通话说得好,读写基本功扎实,因此在教授文艺作品时就发挥自身的长处,用优美动听的朗读和生动活泼的讲解来感染学生,于是便形成了一个独特的中学语文教学流派——情感派。

在中学语文教学情感派的形成过程中,于漪老师发挥了十分重要的作用,她也因此成为情感派的代表人物。于漪老师认为,中学语文教学从事的是两个打基础的工作:一是帮助学生打好使用祖国语言文字的基础;二是帮助学生打好做人的基础。而中学语文教师则是要怀着春风化雨的热情,在教语文的过程中,在学生的心灵深处撒播美的种子,使学生对人类的光明前途坚信不移,对生活中的善与恶、美与丑爱憎分明,激励学生勇往直前地为建设祖国而不懈奋斗。因此,她在教学过程中,不仅文学作品能讲得流光溢彩、情趣盎然,就是一般人觉得枯燥无味的课文,她也能挖掘出丰富的情感内蕴,讲得娓娓动听、引人入胜,从而形成她情真意切、情深意长、以情感人的总体教学风格。1984年,于漪老师发表了著作《语文教苑耕耘录》,这标志着中学语文教学情感派的正式诞生。

在于漪老师之后,又涌现出许多风格相近或相似的代表教师,形成诸多的"龙头",如欧阳代娜、吕志范、程翔等。其中,欧阳代娜曾任教于辽宁省鞍山市第十五中学,凭借自己对教育的热情、对学生的挚爱以及自己富有激情的教学语言,在培养学生"喜读乐写,以写率读"方面取得了丰富的经验。在她看来,语文教学一要讲出"美"来,"美"是语文教学艺术的基础,语文教学的美表现为课文的主题美、思路与结构美、题材美、语言美、表达手法的美,强调将课文中的"美"原原本本地教给学生,用课文中的美感染学生,陶冶学生的情感,继而激发学生学习的兴趣;二要悟出"巧"来,"巧"是语文教学艺术的核心,"巧"可以最大程度地调用课内有效的时间与空间,以求得最理想的教学效果;三要体现一个"活"字,"活"是语文教学艺术的契机,即教师在课堂上要千方百计调动学生的积极性,使师生双方都处于最佳状态,在师生双向交流中集思广益,迸发出创造性的智慧火花;四要练出"实"来,"实"是语文教学艺术的归宿,即语文教学必须做到课内与课外活动的统一才能取得成效。吕志范曾是吉林省实验中学的语文特级教师,他认为要使学生学好语文必须首先培养起他们学习语文的兴趣,主张在语文教学中,通过"形象感染""哲理昭示""美育诱导"进行"育魂""育才"。程翔在中学语文教学情感派的形成时期,曾是山东泰安市第六中学青年教师,是语文界的后起之秀,其最突出的特点是感染力强,根据教材的特点,以饱满的激情,引导学生与作者产生感情共鸣,创造一种"教师—学生—教材"三者之间自然和谐融为一体的最佳境界,使学生身临其境,情感受到陶冶。

（二）中学语文教学情感派的特点

中学语文教学情感派最为显著的特点，便是以"情"见长，即重视中学语文教学中的情感因素，重视通过熏陶感染塑造学生心灵。具体来说，中学语文教学情感派的特点主要有以下几个。

1. 慈母般的关爱学生

中学语文教学情感派的教师，对于学生大都有一种慈母般的爱。这种爱使他们在中学语文教学中极具涵养和耐心，并全身心地投入学生教育之中，期望每一个学生都能学会所教的内容。比如，于漪老师在对待学生时是极有耐心和涵养的，为了教会每一个学生，会不辞辛苦地、手把手地教他们。

2. 注重以情感染学生

中学语文教学情感派的教师都是极富激情的，注重以情感染学生。在他们看来，情感在中学语文教学中发挥着重要的作用，一个优秀的中学语文教师应该能用高尚激越的情感、妙趣横生的语言，把课讲得生动活泼，继而对学生产生熏陶感染。比如，中学语文教师在语文教学过程中，或通过充满感情的课文朗诵，或通过富有激情的语言赏析、描绘，或诱导学生展开联想，再现课文所描绘的意境，使学生的思维逐渐进入作品的意境，沉浸在美的感受之中，进而思想上得以升华，情感上受到陶冶。

3. 善于对学生进行诱导

这里所说的诱导，指的是在中学语文教学活动中，在激起学生感情共鸣的基础上，潜移默化地引导他们接受真善美的陶冶，摒弃作品中不健康的因素，并学习把握文章的脉络，掌握分析文章的方法，借鉴文章的写作技巧。情感派的中学语文教师在教学过程中，都十分重视对学生进行诱导，以引导学生热爱学习、热爱生活、热爱祖国等。

（三）中学语文教学情感派的教育思想

中学语文教学情感派的教育思想，主要有以下几种。

1. 教育事业是"爱"的事业

在中学语文教学情感派看来，语文教师必须对所教的学科和学生要满腔热情，十分热爱。只有这样，中学语文教师在语文教学活动中，才能钻得进去，获得真知；才能与学生心心相印，继而在正确把握教学目标的基础上，切实促使学生的成长；才能做到目标任务明确，真正在教育事业中有所建树。

2. 全方位地培养教育学生

中学语文教学情感派认为，中学语文教学形式不能单一，要立体化、多功能，即全方位地对学生进行培养教育。为此，在开展中学语文教学时要特别注意以下几个方面。

第一，既要注重对学生进行基础知识的教学，又要注重对学生的能力进行培养，还要重视对学生进行思想教育。

第二，要重视教给学生学习的方法，指导学生进行语文能力的训练，启发学生在学习过程中"爱思、会思、多思、深思"。

第三，要重视通过对学生进行质疑、辨疑的指导和训练，来促使学生的思维能力、语言运用能力等都得到不断提高。

3. 重视熏陶、感染、塑造学生的美好心灵

熏陶、感染、塑造学生的美好心灵，是中学语文教学情感派一个主要教育思想。比如，于漪老师在中学语文教学过程中，具体采用了娱乐、动情、激思、励志四种途径对学生进行教育。

4. 重视发挥教学语言的作用

中学语文教学情感派认为，中学语文教师只有具备丰富优美、富有激情的教学语言，才能再现课文中的"情景"，继而用语言"粘"住学生。为此，在开展中学语文教学时要特别注意以下几个方面。

第一，教师所运用的语言必须清楚明白，有较强的逻辑性，能够通俗易懂地将课文中的道理、作者所表达的思想感情表达出来，以便学生容易听懂和接受。

第二，教师所运用的语言必须情趣生动，以便活跃课堂气氛，充分调动起学生参与学习的积极性和主动性。

第三，教师所运用的语言必须有起有伏，有缓有急，多用贴切的比喻、设问、反问，造成悬念，启发学生联想，激发学生感情的波澜。

二、中学语文教学的思维派

（一）中学语文教学思维派的形成与发展

中学语文教学思维派形成于 20 世纪末，目的是培养能够更好地适应 21 世纪的人才。因此，这一中学语文教学流派强调要减轻学生负担，提高教学质量，使学生变苦学为乐学，发展学生的创造性思维。

在中学语文教学思维派的形成与发展过程中，宁鸿彬老师发挥了十分重要的作用。他认为，由于新的技术革命的挑战，未来社会的竞争，将是具有创造性人才的竞争。因此，作为为未来培养人才的教育工作者，应有预见性，有超前意识，承担起为 21 世纪培养创造性人才的崇高使命。为此，他提出了培养创造性人才的未来教育观。在这一教育观的指导下，宁鸿彬老师形成了"创造性"教学理论，并积极进行了创造性思维训练教学改革实践，从而促进了中学语文教学思维派的形成。1989 年，宁鸿彬老师发表了其学术专著《面向未来，改革语文教学》，这标志着中学语文教学思维派的诞生。

在发表了学术著作《面向未来，改革语文教学》后，宁鸿彬老师又尝试将世界观、方法论的教育融入语文训练之中，以便让学生掌握辩证唯物主义的世界观、方法论，用于指导自己的听、说、读、写实践,使语言、思维、观念相统一。与此同时,宁鸿彬老师深入北京、河南等地基层学校,亲自指导教学改革,并取得可喜效果。在此影响下,中学语文教学思维派教师的队伍逐渐壮大,这标志着中学语文教学思维派得到了发展与壮大。

（二）中学语文教学思维派的特点

中学语文教学思维派的特点,具体来说有以下几个。

1. 超前性

中学语文教学思维派认为,教师必须要有超前意识,要切实着眼于未来开展教学活动。也就是说,中学语文教师在开展教学活动时,不能局限于向学生传授知识,还应充分考到十多年后社会需要什么类型的人才,并以此为依据对其进行相关知识与技能的教学。

2. 创造性

中学语文教学思维派认为,21世纪所需要的人才是具有开拓意识的创造性人才,因而必须重视培养学生的创造性思维。关于如何对学生的创造性思维进行培养,中学语文教学思维派的教师进行了富有成效的探索,他们在中学语文教学中,以课文为例,在传授知识的同时,对学生全方位、多层次地进行培养创造性思维能力的训练。用宁鸿彬老师的话来说,他所提出的"宁氏教学三原则",就是着重培养学生独立思考能力的有效指导原则,并以此为指导有步骤地、循序渐进地对学生进行了创造性思维训练。此外,宁鸿彬老师还进一步指出,在对学生创造性思维进行训练时,以下两方面的问题要特别予以注意。

第一,要允许学生有不同的理解。在面对一个可能有多种正确答案的问题时,为了发展学生的创造性思维,中学语文教师在教学过程中,不能对一个问题只肯定一个正确答案,而应该允许学生在同一个问题上有不同的理解,而且他们的理解只要是独创的、与要求基本符合的,就应该予以肯定与鼓励。

第二,要及时对学生的创造性思维进行鼓励,这对于学生创造性思维的形成与发展具有重要的作用。

3. 独特性

中学语文教学思维派的独特性,主要是通过其独具特色的课堂常规训练体现出来的。宁鸿彬老师在教学实践中逐步探索出一套以培养学生创造性思维能力、提高记忆能力为目标的,且行之有效的课堂常规训练模式,即利用课前十分钟指导学生有计划、有步骤地进行训练。比如,指导学生利用课前十分钟进行强化阅读训练,指导学生利用课前十分钟进行强化讲说和听记训练,等等。可以说,课堂常规训练是中学语文思维派对学生进行创造性思维能力训练的重要组成部分。其与创造性思维训练相结合,从而全方位地培养学生的听、说、读、写能力。

（三）中学语文教学思维派的教育思想

中学语文教学思维派的教育思想,总体来说可以概括为以下几个方面。

1. 未来教育观

未来教育观既是中学语文教学思维派的教学实践、教学改革的理论基础,也是其为 21 世纪培养人才、训练学生创造性思维能力的立足点和根本点。

中学语文教学思维派认为,教育是为未来培养人才的事业,因此教师除了要具备知识结构、道德素养、教学能力、教育能力、教研能力外,还必须要有超前意识。虽然说随着社会的发展与进步,新知识量不断出现、新发明和新技术成倍地涌现,要准确地对未来社会的样子进行描绘几乎是不可能的。但是,可以预想到的是,由于新的技术革命的挑战,未来的社会竞争将是智力的竞争、创造力的竞争,也就是人才的竞争。而未来的人才竞争,就是今天的教育竞争。因此,以教书育人为天职的教师必须切实树立起未来教育观,面向未来做好今天的教育工作,以便培养出更多优秀的、合格的未来人才。

2. 创造性思维教育理论

中学语文教学思维派认为,21 世纪所需的人才是创造型人才,而创造型人才一个最显著的特点就是对已知事物或未知事物进行前所未有的思考,因而教师在开展语文教学的过程中,必须重视培养学生的创造性思维能力。以此为前提,中学语文教学思维派的代表人物宁鸿彬老师提出了创造性思维教育理论,具体包括以下几个方面的内容。

第一,创造性思维。创造性思维就是对已知事物或未知事物进行前所未有的思考,它和发明创造既有联系又有区别。创造性思维指人所具有的创造素质是创造发明的基础;创造发明是创造性思维的深化和提高,是较高层次的创造性。衡量人们对事物的思考是否具有创造性,首先要看他对已知事物是否进行了前所未有的设想,其次要看这种设想是否有助于问题的解决。

第二,创造性能力。创造性能力指的是提出首创的、有积极意义的新设想或新事物的能力,对学生的创造性能力进行培养,可以培养他们将来成为具有创造素质的创造型人才。

第三,创造性思维训练。创造性思维训练就是指导学生运用创造性思维进行听、说、读、写的活动,把发展学生的创造性思维寓于语文课的阅读教学,知识教学和听、说、读、写训练之中。

3. "宁氏教学三原则"

在中学语文教学思维派的教育思想中,"宁氏教学三原则"也是一项十分重要的内容。它是宁鸿彬老师在长期教学实践中总结出来并指导教学改革实践的教学规则,旨在养成学生独立思考的习惯,进而培养他们创造性思维的能力。因此,从某种程度来说,"宁氏教学三原则"就是创造性思维教育理论在教学过程中的具体化。具体来说,"宁氏教学三原则"主要包括以下内容。

1)"三不迷信"

"三不迷信"即不迷信古人、不迷信名家、不迷信老师,旨在鼓励学生进行独立思考。中学生特别是初中生由于受到其心理特点的影响,很容易盲目地崇拜名家、迷信教师。如果中学生迷信名家和教师,其思维便会受到束缚。如此一来,其独立思考能力的培养、学习积极性和主动性的激发等都会受到限制。只有切实引导学生遵循"三不迷信",才可能帮助学生养成独立思考问题的习惯。

2）"三个欢迎"

"三个欢迎"即欢迎质疑、欢迎发表与教材的不同见解、欢迎发表与教师的不同见解,旨在调动学生学习的主动性,提高他们的独立思考能力,使他们创造性地学习。

3）"三个允许"

"三个允许"即允许说错做错、允许改变观点、允许保留意见,旨在维护学生的自尊心,尊重学生人格。当学生的自尊心受到维护、人格受到尊重后,便能积极地进行学习、主动且独立地思考问题。如此一来,学生的创造性思维能力也能得到有效提高。

第三节　中学语文教学的目标教学派与管理派

一、中学语文教学的目标教学派

（一）中学语文目标教学派的形成与发展

中学语文目标教学派,也是伴随着改革开放的大潮而产生的一个中学语文教学流派。

目标教学是我国教育界以美国教育心理学家本杰明·布鲁姆的教育目标分类学理论为基础,结合我国中小学各科特点相融合而形成的一种教学模式。其最开始是从中学理科教学开始的,后来武镇北和王文延两位老师在多年实验和研究的基础上,较为成功地将这种模式运用到语文教学中,由此促使了中学语文目标教学派的形成。后来,龙继文等编著出版了《中学语文目标教学设计与实施》,这标志着中学语文目标教学派的正式形成。

中学语文目标教学派在形成后,很快在全国范围内扩大了影响。与此同时,质疑的声音也不断增多。有的批评中学语文目标教学派不顾中学语文教学自身的特点,盲目套用布鲁姆的教育目标分类学理论,把一篇课文分解为几十个目标,肢解了语文课文,破坏了语文课文的整体美,导致学生难以对语文课提起兴趣;有的批评中学语文目标教学派引发了题海战术,而且题目越出越偏离语文教学目标,学生负担重不堪言;还有的批评中学语文目标教学派与传统教学在实质上是相同的,仅仅是贴了一个好看的标签而已。面对这些质疑,中学语文目标教学派的代表性老师并没有回避,而是采用正视反思的态度,认真听取别人的批评,把它作为目标教学改革的动力,吸收别人的合理建议,逐步完善目标教学模式。与此同时,他们还通过发表著作对中学语文目标教学派的特点、教育思想等进行阐述,如武镇北老师在 1995 年发表了《目标教学新探》,这是一部系统阐述目标教学理论和实践探索的著作,也是中学语文目标教学派的代表著作。在此影响下,中学语文目标教学派得以深化与发展。

(二)中学语文目标教学派的特点

中学语文目标教学派的特点,具体来说有以下两个。

1. 以教学目标为核心

以教学目标为核心,是中学语文目标教学派的一个显著特点。武镇北老师认为,教学目标与教学目的既有联系又有区别,教学目的是教师所要求于自己的,以教育教养相统一的,用说教施加影响于学生的心理变化;教学目标是教师所期望于学生的,以知、情、行、思统一的,以激疑启思所诱发的,从心理到行为的有序变化。与此同时,他进一步界定了目标教学的功能,即以导教导学为指向,以激励凝聚为发端;以激疑启思做诱导,以提出问题做引线；以知、情、行、思为一体，用三个领域代两面；以全面发展为归宿，以开发智力为重点；以教师期望做指导，以进行教练为手段；以学生变化为主体，以接受训练为主线；以行为变化做表征，用外显动词来表现；以心理变化为依据，按教学程序排后先；把大纲分解成细目，把教材统理成网点；以整体把握见优势，用目标系列统全篇。由此可以知道，在中学语文目标教学体系中，处于核心地位的是教学目标。

2. 注重创新

中学语文目标教学派的创新性特点，主要是通过以下几个方面表现出来的。

第一，中学语文目标教学派更新了教学论，即注重用科学的目标教学理论代替传统的目的教学理论。

第二，中学语文目标教学派更新了教育观，即不再是培养少数的优等生，而是注重95%的学生都达标，并注重大面积地提高教学质量。

第三，中学语文目标教学派更新了差生观，即差生并不是因为智力不够导致的，而是由于知识的负积累造成的。

第四，中学语文目标教学派更新了评价观，即开始注重形成性评价。

（三）中学语文目标教学派的教育思想

中学语文目标教学派的教育思想，总体来说可以概括为以下几个方面。

1. 教学目标分类思想

中学语文目标教学派认为，目标教学的核心是教学目标。为此，在开展中学语文教学时，要注意对知识进行分类，确立科学划分层次的标准，使制定的教学目标适合达标教学的需要。而在具体对中学语文教学目标进行分类时，以下几个方面要特别予以注意。

第一，要切实以知识本身的合理结构为基础进行教学目标分类。

第二,要注意以不同程度学生的接受能力为依据进行教学目标分类。

第三,要确保教学目标分类的有效性,注意突出教学的重点与难点。

第四,要确保教学目标分类的简易性,以便学生易记、易理解、易把握。

第五,要确保教学目标分类的可操作性,以便每一类教学目标都能得到有效实现。

2. 以导学达标为主体的达标教学思想

中学语文目标教学派认为,目标教学应包括四个环节,即制定目标、导学达标、目标检测和反馈矫正。其中,达标教学是目标教学的关键,强调教师的教和学生的学对目标的双重作用,即教师为达标而教,学生为达标而学。

导学达标的关键在于"导",即启发诱导。对不同层次的教学目标,要采取相应的达标方法,以使导学达标教学有序、有效地进行(图 2-1)。

3. 以形成性评价为中心的教学评价思想

中学语文目标教学派认为,在对中学语文教学进行评价时,要高度重视形成性评价。形成性评价是指以测验或检查的形式及时不断地明确学生学习达到的程度,从而及时纠正或调节教学和学习活动。此外,形成性评价对于鼓励学生发挥学习的主动性,帮助学生学会学习也有重要的作用。因此,形成性评价是中学语文教学评价中不可或缺的一种重要形式或者说环节。

4. 反馈矫正思想

中学语文目标教学派认为,测试、反馈、矫正是辩证统一的。测试是前提,测试的目的是获得反馈信息,反馈为矫正和个别帮助提供可能和依据。反馈是手段,矫正与个别帮助,最终实现绝大多数学生达标才是目的。反馈、矫正不但有利于防止出现差生，实现绝大多数学生当堂达标，而且还是转变差生的主要方法。因此，在开展中学语文教学时，要高度重视反馈与矫正。

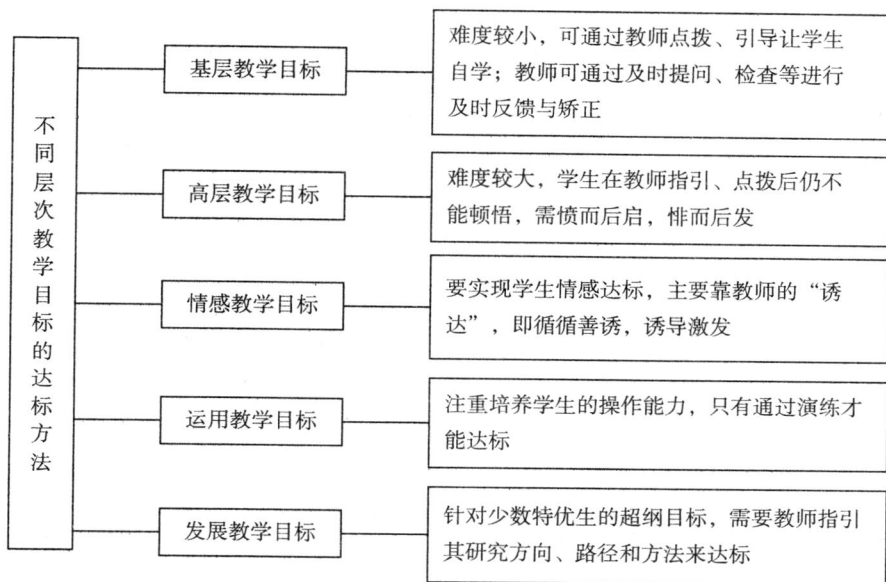

图 2-1　不同层次教学目标的达标方法

二、中学语文教学的管理派

（一）中学语文教学管理派的形成与发展

中学语文教学管理派是一个将控制论、管理学运用于中学语文教育，把教育管理与中学语文教学结合起来，强调培养学生的自学能力和自我教育能力的教学流派。在这一流派的形成与发展过程中，魏书生老师发挥了十分重要的作用。

魏书生老师用哲学的眼光审视语文教育，形成了崭新的语文教育观——管理教学观，这对中学语文教学管理派的形成起到了关键作用。1984 年，辽宁人民出版社出版了《年轻的教育改革家魏书生》，这标志着中学语文教学管理派的形成。在此之后，魏书生老师以管理为特色的中学语文教学体系逐步完善,中学语文教学效率也显著提高。与此同时,有相当一部分的中学语文教师将魏书生老师的管理教学经验与自己班的学生实际情况结合起来,根据自身的条件,融会贯通,形成了与魏书生老师相似或相近的教学风格,取得了较好的教学效果。由此,中学语文教学管理派进入了发展与壮大时期。

（二）中学语文教学管理派的特点

中学语文教学管理派最显著的特点,便是强调"管理"在教学中的特殊地位,以实现中学语文教学管理的自动化与科学化。具体来说,中学语文教学管理派的这一特点主要是通过以下几个方面表现出来的。

1. 强调制定教育教学管理目标系统

中学语文教学管理派认为,只有制定良好的教育教学管理目标系统,才有可能实现中学语文教学管理的科学化与有序化。一般来说,系统的教育教学管理目标应包括以下几个部分。

第一,教育教学内容目标,应涉及思想品德素质、知识素质和能力素质三个方面。

第二,教法目标,即如何通过有效的教学方法来帮助学生掌握自学的方法。

第三,学法管理目标,即为促进学生达到学习目标,提高学习效率而制定的一整套的学习管理目标。

第四,班级管理目标,其应在与学生商量的基础上制定,以确保学生在认可这些目标的同时,积极去实现这些目标。

2. 强调制定教育教学管理目标的实施监控系统

中学语文教学管理派的管理教学之所以有效地付诸实施并效果显著,正是有了与之相配套的监控系统。中学语文教学管理派的监控系统,由"地下工程"和"地面工程"两部分组成。所谓"地下工程",就是与学生的实际情况相适应的教学方法和教育、教学艺术以及正确的教育、教学指导思想,如魏书生老师的民主和科学教育思想、对学生习惯的培养等;所谓"地面工程",就是具体的监督控制措施,包括具体事项承包、全方位的检查及奖罚措施等。

3. 强调制定教育教学反馈系统

中学语文教学管理派认为,教育教学反馈系统是实施教育教学目标、完成教育教学目标的重要保证,也能有力地促进管理教学的有效进行。

（三）中学语文教学管理派的教育思想

中学语文教学管理派的教育思想,总体来说可以概括为以下两个方面。

1. 管理教学思想

中学语文教学管理派认为,将企业管理的一些方法、模式有选择地引入中学语文教学过程中来,变教师讲授、学生被动地学习为在教师的组织管理下学生自主地学习,这是中学语文教学的一次重大改革。也就是说,在开展中学语文教学的过程中,应积极实施管理教学。管理教学最突出的特点在于学生在自主学习中训练了自学能力和自我教育的能力,从而为学生素质的全面提高提供了较为广阔的前景。

2. 民主和科学思想

民主和科学思想是中学语文教学管理派的核心教育指导思想,其他的思想和理论都是以这一理论为基础建立起来的。所谓民主,就是千方百计地使学生成为学习的主人。在教学中,教师要树立为学生服务的思想,建立互助的师生关系,发展学生的人性与个性,让学生参与教学管理,班级决策经师生共同商量后再做决定。所谓科学,就是从管理的角度组织语文教学,减少无效劳动,帮助每位学生都成为管理者。

第四节　中学语文教学的大语文教学派与语文味派

一、中学语文教学的大语文教学派

（一）中学语文大语文教学派的形成与发展

中学语文教学的大语文教学派认为,语文学习不能只局限在课堂上,社会和家庭都是学习语文的重要领域,学校、社会、家庭语文教育需要共同完成对学生语文素养的培养。在这一流派的形成与发展过程中,张孝纯和姚竹青老师发挥了十分重要的作用。

张孝纯老师被称为我国第一个倡导大语文教育的教师,他的"大语文教育"思想在全国中学语文界独树一帜。1983 年,张孝纯老师在邢台八中主持"大语文教育"实验,他把语文教育放在一个大的背景下进行研究,通过对语文教学规律的探索,正式提出了"大语文教育"的观点。其"大语文教育"包括"一体两翼"。其中"课堂教学"是主体,"开展课外语文活动""利用语言文字环境"是两翼,"一体两翼"大大拓宽了学生学习语文的领域。这种开放式的语文教育,强调整体性,强调从宏观着眼,取得最佳学习效果。

如果说张孝纯老师是大语文教育的开创者和倡导者,那么,姚竹青老师的教学改革则促进了大语文教学派的形成。他丰富和发展了张孝纯老师的大语文教育思想,认为大语文就是实用性的语文,小语文就是应试语文,而大语文教育的主旨是培养学生的语文能力,教大语文,育小能人。事实上,姚竹青老师不但发展、完善了大语文教育理论,而且在教学实践中较为成功地创立了大语文教学体系,从而使大语文教育从抽象的理论逐渐走向结构化、科学化和可操作性的轨道。这标志着,中学语文教学的大语文教学派正式形成了。与此同时,姚竹青老师积极宣传、推广自己的教改经验。1995 年以来,特别是退休之后,为了圆自己推广的大语文教育、振兴素质教育之梦,他先后受邀在多地演讲、作课,宣传、推广自己的教学成果,"竹青丛书"发行数也达到十万册,为推动我国中小学教育向素质教育转轨做出了自己的贡献。这也表明,以张孝纯和姚竹青老师为代表的大语文教学流派正在逐步发展壮大。

（二）中学语文大语文教学派的特点

中学语文教学的大语文教学派的特点,可以简单地用一个"能"字来概括。姚竹青老师提出的"十能"就集中体现了大语文教育的特点,具体内容如下。

1. 育能人

育能人即中学语文教学应注重培养"语文小能人",其需要具备以下六方面的能力,即有较强的读书识字能力;能写一手比较流利的钢笔正楷字和行书字,并做到美观大方;能讲一口较为流畅标准的普通话,并能在社会交际中,做到语言得体,养成讲礼貌语言的习惯;能在一至两课时内写一篇 500~1 000 字的表达真情实感、言之有序、中心明确并有一定创意的作文;比较熟练地独自办出图文并茂、小有美感的黑板报、手抄报;能神态自如地登台做三五分钟表情朗读和即席演讲。

2. 练能力

练能力就是在教师的指导下训练学生的综合语文能力,即听、说、读、写、思等方面的能力。

3. 设能项

设能项就是以"语文小能人"需要具备的能力为依据,把大语文教学内容分为六大能项,即识字、写字、作文、笔记、讲话和朗读。前四项是有关"文字"的,后两项是有关"口语"的。同时,把思维训练、陶冶情操审美教育渗透到六个能项训练之中。

4. 编能序

编能序即编排教学程序,大语文教学几乎是"六大能项"齐头并进,因此只有科学、合理地安排能序,才能使各项能力训练有条不紊地进行。此外,大语文能力训练程序的编排应是宏观的、大框架式的,做到有序而不拘泥于序,既有序可循,又富有弹性。

5. 排能课

排能课即在编能序的基础上,对每周的课按照比例分成阅读、写作、书法、口语和讲座等不同的训练课型,制定出课程表,进行有计划的教学,以此确保各个能项的训练得以落实。

6. 分能级

分能级即对学生语文能力训练情况按一定的标准区分级别,以便及时了解学生语文能力训练的情况,及时反馈和矫正。

7. 建能会

建能会就是在语文能力训练系统中建立起来的一系列语文活动团体,以使单项训练既持续活动又相对独立,促使学生在相同能项的训练中相互观摩和商榷,从而促进能力的形成。

8. 记能分

记能分是检查学生单项语文能力训练的达标程度,依据单项、全能"语文小能人"赋分标准,给他们统计各单项成绩,再综合各能项成绩,并结合期末语文统考分数,最后为每位同学记能分。

9. 标能号

标能号是把学生所得"单项小能人级别"、进步达到的"级别"和统考分数进行合理的排列,作为学生已取得成绩的标记。每位学生的"能号"都在变动之中,即要随时根据学生的学习情况进行变动。

10. 设能奖

设能奖是针对学生的作文、手抄报设立的嘉奖性评语。比如,根据学生的作文质量,分别授予"金菊大奖""金菊奖""小鸭奖"等。

（三）大语文教学派的教育思想

中学语文教学的大语文教学派的教育思想,总体来说可以概括为以下几个方面。

1. 教育观:教大语文,育小能人

教大语文,育小能人,这体现了中学语文教学的大语文教学流派的整体教育观。

"大语文"是"智能"型语文,从内容上看由具体的语文知识、语文能力和渗透其中的思想教育三部分组成;从范围上看包括阅读、演讲、写作、书法、普通话、办手抄报等;从功用上看大语文就是使学生的语文能力大面积提高,听、说、读、写、思等语文能力全方位发展,社会交际、立身处世、工作学习等永远用得着的"智能"型语文。把"大语文"引进"小课堂",能够促使学生各方面的能力都得到有效发展。

2. 教师观:教师应做学生"教练"

中学语文教学的大语文教学派认为,教师应成为学生读写的"教练"。所谓大语文教学法,就是把学生引进无限广阔、五光十色的大语文天地的教学法,是带领学生在大语文天地中学功夫、练本领、显身手的教学法。教师只有当"教练",才能活化"死"教材,让学生学到"实语文""活语文""一辈子管用的语文"。为此,教师在教学过程中,要注重给学生做示范,现身说法。

3. 教学观:立体化、动态化、多彩化

中学语文教学的大语文教学派认为,应树立起立体化、动态化、多彩化的教学观。其中,大语文教育的立体化教学指全方位、多侧面、多功能、分阶段和多层次教学。大语文教学的动态化指在语文教学中,教师的着眼点要放在让学生自始至终处于"动"的状态。这种"动"一方面是在课堂教学中,通过启发、质疑,促使学生动脑、动情、动口、动手；另一方面是结合训练项目开展系列活动，让学生在一系列活动中训练能力。大语文教学的多彩化指教师的教学方式灵活多样，训练形式多姿多彩，训练内容多种多样。

二、中学语文教学的语文味派

（一）中学语文教学语文味派的形成与发展

2001 年 3 月，程少堂（2007）在评课过程中提出"语文课要教出语文味"。之后该文章《语文课要教出语文味》发表于 2001 年 8 月出版的《语文教学通讯》第 17 期 A 刊。程少堂老师提出了语文味所应包含的三个要素："第一，也是最基本的，是要教出文体美和语体美，即要教出不同文体、语体的特点来。第二，要教出情感美。一堂好的语文课，会给师生的情感带来强烈的冲击，师生双方都被感动的场面是经常可以见到的。第三，品味语言文字之美。"同时，他也给"语文味"下了一个定义，即"在语文教学中体现出语文学科作为一门既具有工具性又具有人文性的基础学科的性质来，体现出语文学科的个性所决定语文课的个性和执教者、学习者的个性来，从而使语文课洋溢着一种语文课独有的迷人氛围和人性魅力，使学生对语文产生强烈的兴趣，进而师生双方得到共同发展。'语文味'是语文教学应该具有的一种特色，一种整体美，也是语文教学应该追求的一种境界；是语文教师'自我实现'和'高峰体验'的产物"（马恩来，2013）。这个定义强调了语文教学突出语文学科的性质，并能体现教育教学的个性，但并没有完全说明"语文味"的实质内涵。

2003 年，程少堂进一步丰富了"语文味"的概念，将其概念从外延深入内涵的层次，提出，"语文味"实际上就是在语文教学过程中，以共生互学（互享）的师生关系和渗透教师的生命体验为前提，主要通过情感激发、语言品味、意理阐发和幽默点染等手段,让人体验到的一种极具教学个性与文化气息的,同时又令人陶醉的审美快感与自由境界。这一概念指出了"语文味"产生的基础、途径、目标和价值,用"四个和谐统一"(即语文学科工具性与人文性特点的和谐统一;教学过程中情趣、意趣和理趣的和谐统一;语文学科的个性和执教者、学习者的个性的和谐统一;教师的教学激情和学生的学习兴趣、教师的综合素质和学生的文化素养、教师的发展和学生的发展的和谐统一),把"语文味"构成了一个整体,"极大丰富了传统意义上对语文概念的二元认识论,它打通了教育学、美学、心理学等多个领域,大大开阔了语文教学的视野,提升了语文教学的品位"。

自程少堂提出"语文味"以来,学术界便对其进行了积极探讨。第二届深圳市中学语文教研论坛进行了"语文味"的专题研讨;在(香港)第四届中国语文课程教材教法国际研讨会上,程少堂和马恩来的两篇关于"语文味"的论文演讲获得了海内外学者的关注;在中学语文新课标实验探索暨全国中语会单元教学研究中心第三届年会上,时任全国中语会理事长的张定远先生、副理事长陈钟梁先生及其他与会的著名专家学者对"语文味"的理论与实践的探索给予了充分肯定和赞扬,并建议召开全国性的研讨会。在积极探索的基础上,中学语文教学中的"语文味"流派逐渐形成,成为支撑语文教学的重要理念,成为指导语文教学方向的重要指针。

（二）中学语文教学语文味派的特点

语文味教学法是语文味思想的显性化表达,它在语文味定义的基础上,以语文味教学理论为指导思想,以教学过程中师生共生、共创、共享、共鸣、共融、共进为教学宗旨,以"一语三文"(语言、文章、文学、文化)教学模式和其变式为主要教学方式,这种教育法具有以下特点。

（1）"语文味"的概念中提出的"师生共生互学(互享)""渗透教师的生命体验""富有教学个性与文化气息"等要素中,因此以它为指导思想的教学法也渗透了"语文味"的整体性、主观性、文化性等教育原则。

（2）语文味教学法"一语三文"的教学模式以语言训练为基点和起点，引导学生在欣赏语言美、文章美、文学美的同时对学生的心灵进行文化观照，彰显了"语言训练与文化积淀相结合"的教学原则。

（3）语文味教学主张在有限的时空里，通过深入文本，提供语文无限的可能性、开放性和丰富性，让学生的主体性得到极大发挥，学习兴趣得到极大激发，语文教学最终成为引导学生达到诗意栖居目标的桥梁。

此外，语文味教学法和以往的语文教学法有很多不同，这些不同主要体现在以下几方面。

（1）传统教学法是再现性教学法，语文味教学法是表现性、抒情性教学法。

（2）传统语文教学法只教学课文主题，而语文味教学法强调在文本思想内容与师生生命体验相熔铸的基础上，打造既来自课文主题，又大于、高于课文主题的新的教学主题。

（3）传统或其他语文教学法大多规定的是"怎样教"，即主要规定的是教学方法的程序，语文味教学法规定的是"教什么"，即是从教学内容角度对语文中学语文教学流派与教学模式研究教学过程进行规范与制约。

（三）中学语文教学语文味派的教育思想

语文味教学法的核心是"一语三文"教学模式。其中语言是基点和中心点，文章是重点，文学是美点，文化是亮点。

首先，提倡"语文味"，就是要求教师馈赠给学生更多的美的享受。要达到这一目的，教师应是驾驭语言的高手，能自觉铸炼教学语言。

其次，关于"语文是什么"有"语言＋文章""语言＋文学""语言＋文化"三种观点长期相持不下，可以断定，语言、文章、文学、文化,是语文教学系统的基本要素,因此,重视文章教学十分必要。语文味教学法不仅把记叙文、议论文、说明文、应用文等当成普通文章进行教学,而且把小说、散文、诗歌和戏剧等文学作品先当成一般的文章教一遍,以引导学生学习、巩固对文章的具有共性色彩的一般规律的认知,提高、巩固对普通文章(主要是所谓记叙文、议论文、说明文和应用文等)的阅读与写作的能力。

再次,语文教学本身重视文学性,以提高学生的文学素养为己任,语文味教学法继承了这一点,并对其进行了新的探索。语文味教学法主张文学教学的主要目标是引导学生掌握或巩固对文学的一般规律亦即文章的个性规律的认识,并提高对特殊文章即文学作品的阅读和写作能力。同时,语文味教学法还主张语文课本中的所有课文,不光小说、散文、诗歌、戏剧是文学作品,一些优秀的记叙文、议论文、说明文和应用文等,实际上也是好的文学作品,通过这些文学作品对学生进行文学教育,有助于他们掌握或巩固对文学规律或文章个性规律的认识,同时提高阅读和写作文学作品,包括把普通体裁的文章写出文学色彩的能力。

最后,透过语文味理论的表面来看其内在元素,实质上就是"文化语文"。程少堂以一个文人"学者"的视角引领着语文教师们在教育教学中可以站得更高、看得更远。教书"匠人"在教育教学中的视野是绝对看不到"文化"这个研究层面的。因此,他提出,在语文教学中,教材应以一种包容的气度和更深的远见选入一些民族的、现代的、世界的作家作品,让学生接触不同思想、不同流派和不同风格的作家作品,开拓广阔的视野,并在比较、撞击中培养学生的独立思考能力和判断能力。同时引导学生走出原先较为狭窄的精神洞穴,放眼世界文明的天光云影,领略各种文化的魅力。

第五节　中学语文教学的导读派与语感派

一、中学语文教学的导读派

（一）中学语文教学导读派的形成与发展

语文导读法是特级教师钱梦龙探索、总结的一种颇有成效的语文教学方法，一种引导学生真正学得主动、在学习过程中积极思考、从而锻炼自读能力的新型教学法。

导读派又称训练派、点拨派，是以钱梦龙、蔡澄清等为代表的语文教学派别。1982年，钱梦龙在继承前人教育思想的基础上，提出了"三主"教育理论。1985年，云南人民出版社出版了他的著作《语文导读法探索》，系统阐述了他的教育理论"三主四式"。这本书的问世，也标志着导读派的形成。

钱梦龙的"三主四式"教育理论，是针对语文教学中存在着的几个"多"问题而提出的。这几个"多"是：架空的分析多，概念术语多，盲目谈话多，教师包办多。针对这几个"多"的问题，钱梦龙认为，首先要更新观念，必须着眼于人的全面发展，着眼于学生今后的发展，同时还要有一种大环境的语文教学观念。1979年钱梦龙在语文教学中提出"语文课堂教学基本式"，即"自读式""教读式"和"作业式"。1981年12月，他应邀到浙江金华讲学作课，借班教鲁迅的《故乡》。在这次讲课中，他用一种全新的思想指导教学，把学生推上"主体"地位，通过启发、引导，让学生质疑、解疑，充分调动了学生学习的积极性和主动性，使学生和听课教师耳目一新。1983年，钱梦龙在《"三主""四式"语文导读法探索》中第一次系统地阐述了自己的新观点。它标志着语文教育进入了一个新阶段。自1985年《语文导读法探索》问世以后，"三主"理论在语文教育界引起争鸣。后经过答复辩论，钱梦龙的教育思想也被越来越多的同仁接受,他的"四式"教学模式也逐渐引起同人的重视和借鉴。与此同时,安徽芜湖著名语文特级教师蔡澄清的"点拨"教学法,由于观点相近,构成了导读派的两大洪流。经过推广、宣传,逐渐形成了以"导读"为特色的规模较大的教学流派。

（二）中学语文教学导读派的特点

1. 注重教师的"导"

从钱梦龙的"三主"理论看,教师的"导"处于关键环节。无论是课堂训练,还是确立学生的主体地位,都离不开教师的导。因此,教师的"导"在导读派的教学体系中具有"领导性"。另外,从导读派的教学实际看,同样注重教师的指导、点拨作用。钱梦龙的"自读课五个步骤",即认读感知、辨题析题、定向问答、深思质疑、复述整理,都是在教师的指导下完成的。

2. 突出课堂的"训练"

与其他教学流派相比,导读派更突出"训练"在教学中的重要作用,导读派主张"以训练为主线",由此代替以"讲"为主的课堂教学模式,是对语文教育理论的一大发展。

3. 强调学生的"主体"意识

导读派主张通过教师的指导,把学生推上"主体"的地位,认为学生是认知的主体和发展的主体。教师在教学中强化学生的主体意识,使他们在教师的指导下获取知识,训练能力,发展智力。这样,既避免了以教师为中心的强制学生学习行为,又防止了课堂教学的"儿童中心主义"。

（三）中学语文教学导读派的教育思想

1. "三主"

钱梦龙的"三主四式"理论体系,打破了中小学语文教学以

"讲"为主的教学方法,代之以"教师指导下的学生训练";一反传统教育教师为中心,把学生推向"主体"的地位;由习惯的强调教师的"讲课艺术"变为强调教师的"指导艺术",教师的角色也由"演员"转换为"导演"或"教练",从而实现了语文教学体系的一次革命。

"三主"理论体系彼此之间的辩证关系:语文教学以学生为主体,以教师为主导,以训练为主线。

2."导读""点拨"

导读派的主要特点在于它突出了"导读""点拨"的特色。导读突出教师对课堂进程的控制、学生思维的引导和学生学习能力的自我培养;点拨是对学生学习语文过程中存在的知识障碍、思维障碍、心理障碍,用画龙点睛和排除故障的方法加以指导和消解的教学思想、教学方法和教学过程。点拨法突出了对学生在语文学习过程中的指导和解疑。

3."四式"

导读派的教学模式主要体现在"四式"基本教学框架中。"四式"教学基本框架的特点是在教师指导下的学生能力训练。"四式"指的是自读式、教读式、练习式、复读式。"四式"反映了导读派在教学过程中的特点,即教师指导、控制下的学生语文学习和各种能力的训练。

二、中学语文教学的语感派

(一)中学语文教学语感派的形成与发展

1.语感派的形成

(1)从"变讲堂为学堂"到"中学生要学习语言"。研究语感派的形成和发展,首先必须研究洪镇涛的教学改革历程。

洪镇涛是"感受、领悟、积累、运用"教学体系的创立者和实践者。纵观洪镇涛教学改革探索经历，走过了"变讲堂为学堂""感受、领悟、积累、运用"教学体系两个阶段。

第一个阶段（1978—1991年）：变讲堂为学堂。早在1973年洪镇涛就提出"语文教学要多读多写，读写结合，少讲精讲，指导自学"。1978年他发表的《关于中学语文课教学改革的建议》，提出了"加强自学"的主张，率先提出培养学生自学能力。他认为要实现"变讲堂为学堂"，就要实现"三变"，即变学生在课堂学习时"默默聆受"为教师指导下的"研讨求索"，变教师的"全盘授予"为"描精摘要"，变教师"滔滔讲说"为"以讲导学"。

第二个阶段（1991年以后）：中学生要学习语言。1991年7月，洪镇涛在全国"中语会"大连年会上呼吁："语文必须姓语！"1992年10月，在武汉市"中语会"第七届年会上，洪镇涛明确提出"中学生要学习语言！""我们要……加强语感教学，采取'感受—领悟—积累—运用'的途径。"他认为，学语言的目的是提高吸收和运用语言的能力，研究语言的目的是寻找语言规律。

（2）语感派的形成。洪镇涛语文教学思想与教学艺术研讨会的召开和集中反映武汉市洪山区教学改革实验阶段性成果的《中学语文·构建"学习语言"语文教学新体系专辑》标志着语感派的形成。

2.语感派的发展

以洪镇涛为代表的语感派的发展表现在三个方面：深圳市宝安区以"学习语言"为主旨的"世纪性"教改的实验，"开明中小学实验课本"的问世和马鹏举《教海弄潮——洪镇涛语文教改历程描述》的出版。

（二）中学语文教学语感派的特点

以洪镇涛为代表的语感派，与其他教学流派相比，从教学体系上分析，具有三个特点：在语文教学中，把语感训练放在特殊的地位，强调语感训练对学习语言、培养学生语文能力具有关键作用；建立了以学习语言为核心的常规教学模式；形成了语感派的七种课型。

1. 强调语感训练

洪镇涛认为，"感受、领悟、积累、运用"为学习语言的唯一途径。在语文教学中，首先是感受、领悟语言，也就是指导学生在阅读中感受、品味语言，以达到训练学生语文能力的目的。所谓语感，主要指分寸感、和谐感和情味感。

2. 建立以学习语言为核心的常规教学模式

在学习语言教学思想的指导下，以洪镇涛为代表的语感派，经过不断的改革实验，在教学"五环节"的基础上，形成了一套以学习语言为核心、以语感训练为主旨的常规教学模式，这就是"四步语感训练教学法"。具体是：感受语言，触发语感；品味语言，领悟语感；实践语言，习得语感；积累语言，积淀语感。

3. 语感派的七种课型

洪镇涛以"学习语言"为核心的语文教改实验，将课堂教学分为七个既相互联系，又有所侧重的课型，即语言教读品味课、语言白读涵泳课、语言鉴赏陶冶课、书面语言实践课、口头语言实践课、语言基础训练课和语言能力测评课。纵观语感派的七种课型，前三种课型是以洪镇涛为代表的语感派在语文教学中常用课型，这三种课型集中体现了语感派的教育思想。

（三）中学语文教学语感派的教育思想

语感派的教育思想可概括为相互联系的三个方面，即宏观教学思想：变讲堂为学堂；学习语言的途径：感受—领悟—积累—运用；指导教学原则：以学习"精粹"语言、"目标"语言和"伙伴"语言为主线，以学习语文知识为副线。

1. 变讲堂为学堂

变讲堂为学堂，洪镇涛提出了通过"三变"达到"一变"的目的。所谓"三变"，就是变传统教育的"全盘授予"为"拈精摘要"，变课堂教学中教师的"滔滔讲说"为"以讲导学"，变课堂教学中学生的被动"默默聆受"为"研讨求索"。

2. 语文教学的主要任务是学习语言

1992 年 12 月，洪镇涛提出语文教学就是学习语言的观点。学语言的途径是"感受—领悟—积累—运用"。感受是对整篇文章阅读后的感性认知，它包括语言、情感、语言风格等各方面的整体认知。领悟，是感受的进一步深化和具体化，主要是对作者独具匠心运用语言之妙品味后的领悟，它反映洪镇涛旨在引导学生学习语言的教学体系特点。积累，是文道统一的、内容和形式一体的成块语言的积累。成块语言的积累不仅积累了语境中的动态的词语，而且从语言运用的分寸感、和谐感、情味感方面综合受益，有利于提高语感能力。运用指运用语言表情达意、叙事状物，而不是指孤立的语言知识的应用。从感受到运用的过程，是学生在教师指导下以感性习得为主的过程，是学生借助于语言知识切身感悟语言意蕴和语言规律的过程。

3. 语文教学要坚持"三主一副"

"三主一副"教育理论强调以学习语言为核心，明确提出把语文知识的学习放在辅助地位。

（1）以学习"精粹语言"为主线，奠定学生语言及文化功底。

（2）以学习"目标语言"为主线，提高学生语言及文化素质。

（3）以学习"伙伴语言"为主线，训练学生语言操作能力。

（4）以学习语文知识为辅线，增强学生对语言的理性观照。

语感派的教育思想基本由"变讲堂为学堂"，指导学生学习语言和"三主一副"三部分组成，它们的关系密不可分，构成一个有机的整体。

第三章 中学语文教学的技能与艺术探究

随着时代的发展以及教育理论、教学理念和教学方法的不断丰富与完善,新的教学技术手段也随着科技的发展层出不穷,中学语文教学随之呈现出日新月异的景象。面对这一事实,中学语文教师要想更好地开展语文教学活动,确保语文教学收到良好的成效,就必须根据中学语文教学的发展实际,不断完善自己的教学技能,提高自己的教学艺术。

第一节 中学语文课堂教学的常用技能

对于中学语文教师来说,要确保课堂教学的效果,必须掌握并运用好课堂教学的基本技能。其中,中学语文教师在开展课堂教学时最常用到的技能有以下几种。

一、课堂提问技能

英国教育家爱德华·德波诺认为:"教育就是教人思维。"也就是说,教师在进行课堂教学时要注意发展学生的思维能力,教会学生思维的方法。而教师要有效激发学生的思维,一个有效的手段就是通过创设问题情境来激活学生的思维兴趣。为此,中学语文教师必须具备良好的课堂提问技能。

（一）课堂提问的含义

所谓课堂提问,就是中学语文教师以学生已有的知识经验为基础,通过提出问题让学生回答,引导学生理解和掌握新的知识的师生教学活动。

在衡量中学语文教师课堂提问的有效性时,不仅要看所提问的问题的设计是否合理,能否激发学生的兴趣,活跃课堂气氛,还要看所提问的问题能否打开学生的思路,培养学生的问题意识。

（二）课堂提问的作用

在中学语文课堂教学中,教师课堂提问运用得好,能够有效促进课堂教学效果的增强以及课堂教学效率的提高。这具体表现在以下几个方面。

第一,中学语文教师课堂提问运用得好,可以有效调动学生学习的积极性、主动性,继而促使课堂教学效率得到有效提高。

第二,中学语文教师课堂提问运用得好,可以帮助学生巩固、深化已学过的知识,并在脑中使这些知识形成一个有机的系统。

第三,中学语文教师课堂提问运用得好,可以活跃课堂气氛,吸引学生关注教学内容,提高学生的学习兴趣。

第四,中学语文教师课堂提问运用得好,可以启发学生积极思考,引导他们去深入思考和探索新知识,这对于培养学生的独立思维是极有帮助的。

第五,中学语文教师课堂提问运用得好,可以使学生在"不经意"之中口头语言的表述能力得到较大的提高。

（三）课堂提问的注意事项

中学语文教师在运用课堂提问时,要想收到良好的效果,应特别注意以下几个方面。

第一,提问的切入点要选择恰当,一般来说可以从题目、情节、情感、关键词等来切入。

第二,提问要有明确的思维导向,即所提问题一定要明确而具体,对学生的思维要有定向作用,也就是教师提出的问题对学生思维活动的方向有一定的制约作用,避免学生的思维出现漫无边际的状况。

第三,提问的内容不能脱离教材,或是与教材虽有一些联系但关系不大;提问的内容要有整体性,即提问应着眼于全局,立足于整体,对问题提炼概括,扩大其覆盖面,增加思维训练的强度和力度,切实使学生的能力获得提高,智力得到发展。

第四,提问的难度要适中,尽可能与学生的认识发展水平、知识储备等相符合。因此可以说,提问适度的标准是学生要经过认真思考才能正确地加以回答。

第五,提问的时机要把握好,在学生对教学内容不感兴趣时、在学生注意力还未集中或已开始分散时进行提问,往往能收到良好的成效。

第六,提问的方式要灵活多变,以便提高学生参与提问的积极性与主动性。

第七,提问时要注意随机应变,即要根据学生的问题回答及时对提问的方式、提问的内容等进行改变,以便提问能够收到良好的成效。

第八,提问后要给学生思考的时间,即提问后要适当停顿,给学生留足思考的时间。这样不但会给更多学生机会,而且会提高学生答题的质量。

二、课堂作答技能

对于中学语文教师来说,除了要掌握课堂提问技能,课堂作答技能也是必须要具备的。

(一)课堂作答的含义

在中学语文课堂教学中,提问和作答同样是系统讲授的重要辅助手段。所谓课堂作答,就是中学语文教师对于学生的提问,能够根据不同的具体情况正确地予以解答。

（二）课堂作答的作用

对于中学语文教师来说,若能在课堂中正确地对学生的问题予以解答,那么对于促进学生的积极思维、提高课堂教学质量所起的积极作用是非常明显的,这具体表现在以下几个方面。

第一,中学语文教师在课堂上正确地解答学生的问题,能够把正确的知识明白无误地传授给学生,继而帮助学生掌握更多知识,不断开阔自己的视野。

第二,中学语文教师在课堂上正确地解答学生的问题,能够引导学生正确地了解新旧知识间的联系与区别,继而不断增强自己对新旧知识进行融会贯通的能力。

第三,中学语文教师在课堂上正确地解答学生的问题,能够引导学生积极思考,继而拓宽学生的思路,提高学生的思维能力。

（三）课堂作答的注意事项

中学语文教师在课堂上对学生的提问予以作答时,要想收到良好的效果,应特别注意以下几个方面。

第一,中学语文教师要切实认识到,对学生的提问进行准确的回答,不仅不会浪费教学时间、影响教学进程,还会促使教学取得良好的成效。因此,中学语文教师必须高度重视学生的提问。

第二,中学语文教师对于学生在课堂上提出的问题,应区别不同情况采用不同的方式处置。比如,有些问题当时就应该加以回答的,中学语文教师就应该明白无误地加以解答,而且解答要准确、简洁,把要点讲清楚,让学生得到清晰的印象。如若当时没有把握解释清楚的,也应坦言相告"待我找到正确答案后再告诉你们",千万不要用模糊不清的语句加以搪塞,或强不知以为知,教给学生错误的东西。而有些问题并不需要当时就明白无误地告诉他们答案的,中学语文教师就不要毫无保留地马上予以作答,而应适当地加以"点拨",或"讲三分留七分"。学生如若在教师的点拨下受到启发,或从教师讲的"三分"中悟出留的"七分",那效果比直接告诉他们答案不知要好出多少倍。

第三,中学语文教师在课堂上回答学生的提问时,要善于察言观色,善于随机应变。具体来说,中学语文教师在回答学生提问时,如发现学生不假思索地接受,就应反思一下这类问题是否让学生自己思考为好,或者不失时机地就学生提出的问题加以深化后进行反问。如作答时发现学生还是疑惑不解,就应当及时地调整自己的思路,或用更为浅近、易被学生理解的语句加以表达,或组织学生进行必要的讨论。

三、课堂教学语言技能

在课堂教学技能中,课堂教学语言是最基本的技能。同时,教师的课堂教学语言技能水平,是影响学生学习效果及课堂教学效果的重要因素。因此,中学语文教师具备良好的课堂教学语言技能是十分重要的。

(一)课堂教学语言的含义

所谓课堂教学语言,就是中学语文教师在一定的教学任务下,针对教学对象,使用规定的教材,采用一定的方法,在有限的时间内达到一定的目的,引导学生认识和掌握知识、发展智力时使用的语言。

(二)课堂教学语言的作用

在中学语文课堂教学中,良好的课堂教学语言发挥着重要的作用,具体表现在以下几个方面。

第一,中学语文教师的课堂教学语言是教育教学信息传递的生动载体,也是师生情感交流的鲜活媒介。良好的课堂教学语言对于师生之间的交流、密切师生之间的关系等都有积极的作用。

第二,中学语文教师的课堂教学语言关系到课堂教学的效果以及整个中学语文教学的质量,良好的课堂教学语言可以有效促进教学质量的提高。

第三,中学语文教师的课堂教学语言关系到对学生思维能力的培养和提高。语言是思维的工具,既影响思维,又体现思维。中学语文教师课堂教学语言的运用状况,便是对中学语文教师思维能力、教学能力的检验。此外,中学语文教师的课堂教学语言水平高,能够不断地激发学生的学习动机,使他们自觉地对所学内容进行思考。如此一来,学生的思维能力便能得到有效提高。

第四,中学语文教师的课堂教学语言是一种强有力的教育手段,它完全可以触及学生心灵最幽深、最敏感的角落,使学生在语言的魔力中接受美的塑造。

（三）运用教学语言时的注意事项

中学语文教师在课堂上运用教学语言时,要想收到良好的效果,应特别注意以下几个方面。

第一,中学语文教师所运用的课堂教学语言必须高度准确（包括语音准确、用词准确和语法合乎规则）,切不可含糊不清,以免导致教学信息不正确,使学生接受错误的信息。

第二,中学语文教师所运用的课堂教学语言必须形象生动,以有效唤起学生头脑中的表象,使之形成新的兴奋点之间的联系,激发他们去想象。

第三,中学语文教师所运用的课堂教学语言必须具有一定的情感。课堂教学语言如果缺少感情,就会苍白无力,缺乏激动人心的力量,而只有融进了情感的课堂教学语言才能触动学生的心弦,点燃其智慧的火花。

第四,中学语文教师所运用的课堂教学语言必须具有一定的启发性,能够有效调动学生的学习积极性和主动性,启发学生的情感和审美情趣。

第五,中学语文教师所运用的课堂教学语言必须要有针对性,即中学语文教师的课堂教学语言既要跟从教学内容的客观需要,又要照顾到教学对象的实际情况。

第六,中学语文教师所运用的课堂教学语言必须避免分散学生对教学内容注意力、损伤学生自尊心、挫伤学生的积极性、误导学生等。

四、课堂教学应变技能

中学语文课堂教学是一个多变量的动态系统,它的复杂性和多变性要求中学语文教师随时对课堂教学活动进行调节和控制,以保证教学的成功,达到理想的教学目标。因此,良好的课堂教学应变技能也是中学语文教师必须要具备的。

(一)课堂教学应变的含义

所谓课堂教学应变,就是中学语文教师在教学过程中,面对意外发生的情况敏感地洞悉学生思维活动的势态,迅速做出反应,及时采取恰当措施进行解决。

(二)课堂教学应变的作用

中学语文教师具备一定的课堂应变能力,可以有效地处理好课堂中发生的各种意外情况,从而在保证课堂教学顺利进行的同时,有效提高教学的质量和教学的效率。

(三)课堂教学应变的注意事项

中学语文教师在课堂上遇到意外情况时,要想有效应对,应特别注意以下几个方面。

第一,中学语文教师的课堂教学应变应注意对症下药,即中学语文教师在遇到意料之外的问题或者是学生答非所问时,应当及时把握学生思维的脉搏,抓住问题的症结所在,而后采取有针对性的措施。

第二,中学语文教师的课堂教学应变应注意因势利导,即中学语文教师对教学中出现的突发情况不能回避,最好的办法是沿着学生的思维轨迹积极引导。这样不仅可以迅速解决学生的问题,而且可以巧妙地把学生的问题纳入课堂讲课的轨道。

第三,中学语文教师的课堂教学应变应注意见仁见智,即中学语文教师在面对课堂意外情况时,要注意有意识地对学生进行"见仁见智"的启发培养,以有效培养学生的创造性思维。

第二节　中学语文教学艺术的基本理念与主要特征

中学语文教学既要有严谨的科学性,又要有感人的艺术性。事实上,中学语文教学只有具有一定的艺术性,才能促使中学语文教学充满生机与活力。

一、中学语文教学艺术的基本理念

艺术是一种美的追求,也是美的方法和手段。中学语文教学艺术是中学语文教师本身所具有的独特的创造力和审美价值定向,是在中学语文课堂教学领域中的结晶,是一个中学语文教师在长期课堂教学实践中积累起来的"教学经验""教学技能""教学技艺"发展的高级阶段和理想境界。而中学语文教学艺术的基本理念,主要有以下几个。

（一）中学语文教学艺术就是在遵循美的规律的基础上,积极追求美的教学境界

在中学语文教学中,教师必须积极发挥创造精神,调动各种因素,显现时空变换的流动美、视听转换的立体美、绘景状物的色彩美、语言表达的音韵美、应对自如的机智美、启迪思考的哲理美等。这能够极大地刺激学生的学习情绪,满足学生的学习欲求,最终在愉悦和谐的教学氛围取得良好的教学效果。

（二）中学语文教学艺术就是审美化的教学活动

所谓中学语文教学艺术，就是指审美化的中学语文教学设计、中学语文教学行为或者中学语文教学中的审美特征。中学语文教学艺术中谋划的物化产品就是教学设计方案，这是人们对语文教学艺术的相对静态的认识。中学语文教学艺术的动态性特征就表现为教学的行为艺术。如果说设计艺术属于"战略"这个范畴，那么行为艺术则属于"战术"的学问。一切课堂教学的技术、技能，只要具有了创造性的审美特质，就可以包括在行为艺术中了。因此，中学语文教学艺术就是审美化的教学活动。

（三）中学语文教学艺术既要使学生愉快地学习语文，也要使中学语文教师愉快地教语文

中学语文教学艺术在关照教学对象即学生的同时，也是对中学语文教师自身的审美关照。也就是说，中学语文教学艺术既要使学生愉快地学习语文，也要使中学语文教师愉快地教语文。

对于学生来说，中学语文教学不仅要致力于学生语文素养的形成与发展，也必须关注学生精神领域的发展，即要通过中学语文教学塑造学生的灵魂，使学生在中学阶段逐步形成积极的人生观和价值观，还要确保学生在学习过程中能够获得快乐，继而更积极地投入语文学习之中。

二、中学语文教学艺术的主要特征

中学语文教学艺术的特征，具体来说有以下几个。

（一）审美性

中学语文教学艺术的审美性特征，主要是通过以下几个方面表现出来的。

1. 中学语文教学艺术的审美性要求中学语文教师要注重探求教学内容的美

中学语文教材中编选的文章,大都是"依照美的法则创造出来的"文质兼美的典范文章,蕴含着丰富的审美内容。这就要求中学语文教师在教学过程中,必须精心钻研,吃透教材,把握内容精髓,挖掘其美的因素,从而把学生带入美好的艺术境界,用美的信息激发、引导学生的审美心理和情感。

2. 中学语文教学艺术的审美性要求中学语文教师要注重引导学生对美的追求

在中学语文教学中,教师要积极引导学生对美的追求,这对于提高学生的审美意识、审美情趣等具有重要的作用。具体来说,中学语文教师可从以下几方面着手来引导学生对美的追求。

第一,中学语文教师要积极引导学生在课文中发现美,以有效净化学生的情感,培养学生的情趣,美化学生的灵魂。

第二,中学语文教师要积极指导学生学会赏析教材中的美。

第三,中学语文教师要积极引导学生感悟生活和生命的美。

3. 中学语文教学艺术的审美性要求中学语文教师要注重自身形象美的塑造

教师在向学生传授知识的同时,其人格、思想观念与行为等也会对全体学生产生重要的影响。因此,中学语文教师在教学过程中必须重视自我形象的美的塑造。

在这一过程中,中学语文教师必须准确把握外在美与内蕴美之间的辩证关系,即外在美是内蕴美的表现形式,内蕴美是外在美的表现内容。同时,中学语文教师必须积极从外在美和内蕴美两个方面着手来塑造自己的形象。就外在美来说,中学语文教师要积极塑造自己的教态美(如衣着整齐美观,仪态端庄大方,举止自然、得体,态度亲切、热情等)和教学表达形式美(如教学语言美、教学节奏美、教学板书美等);就内蕴美来说,中学语文教师要积极完善自己的道德品质、知识修养、能力结构、心理素质等，要具备丰富深厚的审美修养，能够深刻地感受和理解美。如此一来，中学语文教师就能自觉地使教学按照美的规律来进行，从审美角度进行教学设计，处理教学内容，安排教学活动，深入挖掘语文教材中的审美因素，创造审美的教学环境，使教学提高到审美化的境界，在教学中拨动学生"美感的琴弦"，启迪学生"创造美的智慧"，训练学生的审美创造力。

（二）形象性

中学语文教学艺术的形象性特征，主要是通过以下几个方面表现出来的。

第一，中学语文教师在教学过程中，需要运用形象化的语言讲解知识，使学生通过具体的感性的形象思维活动把握抽象的理性知识。

第二，中学语文教师在教学过程中，需要运用比喻、拟人、夸张等艺术手法尽可能逼真地再造教材或生活中的场景和形象。

第三，中学语文教师在教学过程中，需要通过生动的描绘复现作品中的形象，体现画面的神韵，使学生产生如临其境的感受。

第四，中学语文教师在教学过程中，需要运用精彩的艺术处理，"创造"形象的美，并通过教学语言的艺术描摹，"状难写之景，如在目前"。

第五，中学语文教师在教学过程中，需要借助手势、状态、表情等体态语言来增强教学的形象性，融洽师生感情，激活学生的学习情趣，提高教学的效率。

第六，中学语文教师在教学过程中，需要运用幻灯、投影、录像、电视、电影、电子计算机等电化教学手段，使抽象的教材更加形象化，从而加深学生对文章内容的理解和记忆，促使教学取得更好的效果。

（三）情感性

教学艺术是一种交流艺术,在教师传授知识的同时,伴随着师生间的情感交流。教学艺术可以帮助师生在交流情感的过程中掌握知识,在掌握知识的过程中交流感情。因此,情感性也是中学语文教学艺术的一个重要特征。

中学语文教学艺术的情感性特征要求中学语文教师在教学过程中,既要晓之以理,又要动之以情。具体来说,中学语文教师要善于挖掘文章中丰富的情感因素,努力运用课文佳作中所包含的真挚感情,叩击学生的心弦,激起他们感情上的共鸣,激发他们爱憎分明的感情。

（四）差异性

艺术化当中必然有个性化,因此差异性也是中学语文教学艺术的一个重要特征。中学语文教学中需要教师的积极参与和投入,而中学语文教师由于思想认识、社会阅历、性格爱好等诸方面的差异,对教材的认识、处理必然烙上强烈的个性印记,并把它宣泄于引导学生品味语言、探索思路、把握主旨、鉴赏意境之中。如此一来,不同的中学语文教师在教学艺术方面便会呈现出鲜明的差异性特征。

（五）创造性

“创造是艺术的生命”,因此创造性也是中学语文教学艺术的一个重要特征。

中学语文教学艺术的创造,就是中学语文教师根据一定的教育审美理想,按照美的规律而进行的一种培养人的自觉和自由的活动。这里所说的教育审美理想,体现了中学语文教师内在固有尺度的要求,体现着中学语文教师进行教学艺术创造的目标,激励着中学语文教师追求和创造教学艺术的热情,吸引着中学语文教师为创造美好的教学而努力。如此一来,中学语文教师便能不断创造出语文教学美的艺术。

此外,中学语文教学艺术的创造不仅是说中学语文教师要进行创造,而且要求中学语文教师要积极鼓励和指导学生进行创造。只有当中学语文教师和学生的主动性、创造性都得到表现时,中学语文教学过程才称得上教学艺术的创造过程。

第三节　中学语文教学的艺术风格及其形成探究

中学语文教学的艺术风格,就是中学语文教师在从事语文教学活动时表现出来的全部特色和个性的总和。它既是教学艺术的升华,也是一个优秀中学语文教师的教学走向成熟、臻于完美的重要标志。此外,中学语文课堂教学允许中学语文教师像艺术家那样,自由创作,展示不同的个人教学风格。

一、中学语文教学艺术风格的特征与主要类型

（一）中学语文教学艺术风格的特征

中学语文教学艺术风格的特征,具体来说有以下几个。

1. 整体性

中学语文的教学技巧、教学方式方法、教学作风等是中学语文教学艺术风格的外在表现,而教学思想、教学观点等则是中学语文教学艺术风格的内在因素。但是,中学语文教学艺术风格的这些因素并不是孤立的、零碎的、个别的表现,而是多种因素化合于一的整体。此外,中学语文教学艺术风格一旦形成,便带有一种整体的和谐统一。因此,整体性是中学语文教学艺术风格的一个重要特征。

2. 外显性

中学语文教学艺术风格的外显性特征，主要是通过以下几个方面表现出来的。

第一，中学语文教学艺术风格是中学语文教师的教学思想、教学观点、教学理论等在中学语文教学实践中的具体体现。中学语文教师的教学思想、观点、理论等如果不展现在其教学行为中，则中学语文教师是无法形成自己的教学艺术风格的。

第二，中学语文教学艺术风格在一定程度上来说，是中学语文教师的人、情感的外在表现。

第三，中学语文教学艺术风格在中学语文教师的音容笑貌、举手投足之间也会得到形象展现。

3. 独特性

中学语文教学艺术风格的独特性，主要表现在以下两个方面。

第一，不同的中学语文教师，由于在个性、知识储备、教学水平等方面存在一定的差异，因而在教学艺术风格方面也会表现出一定的差异性。比如，中学语文教师在教学过程中，有的喜欢用散文的形式上课，构思精巧，流畅自然，有意境美和韵律美；有的擅长用故事的形式上课，情趣迭出，引人入胜；有的以形象思维见长，诱发联想，开启心智；有的以逻辑思维见长，提纲挈领，条分缕析，思路严谨，入木三分；有的重情，声情并茂；有的善导，巧于设疑；有的重"评"，议论风生；有的善"点"，发幽探微。

第二，同一个中学语文教师，在面对不同的教学对象、教学内容时，所呈现的教学艺术风格也会有一定的差异。比如，中学语文教师在教学过程中，面对情感性散文和哲理性散文时，所选择的教学方式、所呈现的教学情感等都会有一定的差异。

4. 稳定性

中学语文教学艺术风格的稳定性，并不是说中学语文教师在形成了教学艺术风格后便不再发生变化，而是说中学语文教师的教学艺术独特之处会保持相对的稳定。这些相对稳定的因素，是构成中学语文教师教学艺术风格"主调"的音符,也是中学语文教学动态过程中的"变"中之"常"。假如一个中学语文教师在教学上变化无常,则表明其还未形成自己的教学艺术风格。

（二）中学语文教学艺术风格的主要类型

中学语文教学艺术风格的类型是千姿百态、异彩纷呈的,但大致来说可以分为以下几类。

1. 激情型

在中学语文教学艺术风格中,激情型是一种有着浓郁的艺术化色彩或者说情感色彩的教学艺术风格。属于这种教学艺术风格的中学语文教师往往有着丰富的情感、良好的文学素养和语言组织与表达能力;在课堂上会特别注重声情并茂的朗读和饱含深情的讲述,引导学生与课文中的人物形成情感共鸣,继而受到情感的陶冶,得到美的享受。

2. 博雅型

属于这种教学艺术风格的中学语文教师大多有着深厚的学养,在课堂上注重知识的丰富性,并能够巧妙地对课内外知识进行结合与融会贯通,以便丰富学生的知识储备;善于纵横比较,拓征博引,语言畅达,居高临下,潇洒从容,显出一种大将风度。

3. 谨严型

属于这种教学艺术风格的中学语文教师大多有着良好的逻辑思维能力,在课堂上注重教学内容的准确,教学结构的严谨,教学语言的准确、精练、逻辑严密,教学程序的科学性,等等。

4. 睿智型

属于这种教学艺术风格的中学语文教师十分重视在教学过程中培养学生的创造性思维能力,不论是问点的选择、问题的解析还是教学结构的安排、教法的运用等,常常是新意迭现,出人意料,体现出创造性教学的活力。因此,学生在课堂上往往会表现出活跃的思维和开阔的思路,这对于培养学生的独立思维能力、创造性思维能力等是极有帮助的。

二、中学语文教学艺术风格的形成

中学语文教学艺术风格的形成标志着中学语文教师的教学已进入了炉火纯青、卓然一家的高境界。因此,形成自身独特的教学艺术风格应成为每个中学语文教师不断探求的理想目标。

（一）中学语文教学艺术风格的形成原因

中学语文教学风格的形成不是一蹴而就的,而是会经历一个长期的、不断探索和完善的过程。而中学语文教学风格形成的原因,总体来说包括两个方面,即内在原因和外在原因。

1.中学语文教学艺术风格形成的内在原因

中学语文教学艺术风格形成的内在原因,具体来说有以下几个。

（1）认知水平。中学语文教师的认识水平,对于其教学风格的形成会产生重要的影响。通常而言,中学语文教师的认知水平主要是通过以下几个方面表现出来的。

第一,认知结构。认知结构是中学语文教师在头脑中形成的知识结构,即知识的广度、深度、系统性、各类知识之间复杂而特殊的关系以及迁移性的强弱等。知识结构的完善性,是中学语文教师形成教学艺术风格的知识基础。

第二,体悟。体悟指的是中学语文教师以头脑里的知识结构为基础,从整体上挖掘课堂教学艺术性的过程,也是对原有知识的再加工以形成教学艺术特征的过程。中学语文教师的体悟能力,深刻影响着其教学艺术造诣的高低以及教学艺术风格的优劣。

第三,表达。中学语文教师的表达是教学艺术性外现的基础,不同的表达构成教学艺术不同的风格。

（2）个性与人格特征。中学语文教师的个性与人格，主要是通过其兴趣、爱好、情感、气质、是否自信、是否自重、是否真诚等多个方面表现出来的。中学语文教师的个性与人格，既是其吸引学生的重要情感特征，也在很大程度上决定了其能否促进学生的人格健康发展。此外，中学语文教师的个性与人格的差异是形成各种不同类型和水平的教学艺术风格的重要内在因素。

（3）思维品质。中学语文教学艺术要求中学语文教师的思维品质要具有敏捷性与灵活性、感受性与创造性的特点。这种思维特点在中学语文课堂教学中表现为学科特征思维，体现出灵活的思维广度、深度、速度、灵活性、条理性等品质特征。

中学语文教师的思维品质在其教学艺术风格的形成过程中发挥着重要的作用，即中学语文教师的思维品质不同，其所形成的教学艺术风格也会有一定的差异。

2. 中学语文教学艺术风格形成的外在原因

中学语文教学艺术风格形成的外在原因，具体来说有以下几个。

第一，学校的教学环境，即学校的校风、教风、学风、师生关系等不同，所形成的中学语文教学艺术风格也会不同。

第二，教学对象，即中学语文教学的对象会对中学语文教师教学艺术的发挥与创新产生一定的影响。

第三，学校的课程结构和体系，即学校的课程结构和体系不同，中学语文教师所形成的教学艺术风格也会有一定的差异。

（二）中学语文教学艺术风格的形成过程

对于中学语文教师来说，其教学艺术风格的形成通常会经历以下几个阶段。

第一，模仿性教学阶段。在这一阶段，中学语文教师在教学中主要是照搬他人的成功教学经验，因而缺乏个性和独创性。

第二，独立性教学阶段。中学语文教师在处于这一阶段时，已经能够成功地把他人的教学经验转化为适合自己特点的行为策略,并切实以学生以及教学内容的特点为依据,进行教学结构的独立设计。

第三,创造性教学阶段。在这一阶段,中学语文教师日益重视改革教学方法并对不同的教学方法进行综合运用。比如,自觉探索课堂教学结构和方法的最优化,追求最佳效果。

第四,独特艺术风格教学阶段。在这一阶段,中学语文教师的教学艺术风格在课堂教学的各个环节已都有独特而稳定的表现,并呈现出鲜明的个性风格。

第四节　中学语文教学的备课与授课艺术

在中学语文教学艺术中,备课艺术与授课艺术是十分重要的两个方面,本节即对其进行详细论述。

一、中学语文教学的备课艺术

备课是中学语文教师在教学过程中的一项非常重要的工作,而且中学语文教师的备课质量将直接影响到其授课质量和学生的学习质量。因此,中学语文教师要想高质量地开展语文教学,确保语文教学取得良好的成效,必须要认真备课。

（一）中学语文教学备课的依据

中学语文教师在进行教学备课时,要切实依据以下几个方面。

1. 中学语文课程标准

中学语文课程标准是我国教育部制定的语文教学指导性文件,也是中学语文教师教学的指南。因此,中学语文教师在进行备课时,要切实依据中学语文课程标准,即要以中学语文课程标准所规定的教学要求为依据进行备课。

2. 中学语文教材

中学语文教材是中学语文教师教学的主要凭借,而且中学语文教师只有深入钻研中学语文教材才能上好课。因此,中学语文教师在进行备课时,要切实依据中学语文教材。

3. 教学参考书

教学参考书就是中学语文教师在备课时的参考用书,其也是中学语文教师进行备课时的一个重要依据。而中学语文教师在备课过程中使用教学参考书时,应在对中学语文课程标准理解透彻及对教材内容初步熟悉之后再参阅教学参考书;应在厘清教学思路及搭好讲课的基本框架的基础上再去阅读教学参考书;应带着审视的目光去阅读、借鉴、利用教学参考书。

(二)中学语文教学备课的内容

中学语文教师在进行备课时,应具体涉及以下几方面的内容。

1. 备关键

中学语文教师备课过程中"备关键",主要包括以下两方面的内容。

第一,中学语文教材内容的某一个"关键处",如果在这个地方"卡住"了,便不能迅速、正确地理解整个部分内容的意思。

第二,中学语文课堂教学进行过程中的某一至关重要的环节(或是教学方法转换之时,或是学生听课情绪起伏之际),如若处置不当,则会影响课堂教学活动的顺利进行。

为此,中学语文教师在备课过程中要真正做到"备好关键",必须从"教材内容的关键处"和"教学进行过程中至关重要的环节"两个方面去考虑,即要真正明确"教材内容的关键处"和"教学进行过程中至关重要的环节",并切实围绕着这两个方面进行知识准备。

2. 备重点

中学语文教师在进行备课时,应根据不同情况区别对待有所侧重,即中学语文教师在备课过程中应做好"备重点"这项工作。这里所说的"备重点",主要包括以下两方面的内容。

第一,要抓住教材的重点内容,即教材中最主要、最基本的内容,这是学生学习教材中其他内容的基础。

第二,要确定每堂课的教学重点,即根据学生的学习基础和可接受程度的实际情况来确定每堂课需要学生掌握的知识与技能。

3. 备难点

中学语文教学的内容有难有易,而中学语文教师在备课过程中应特别注意备难点。这里所说的难点,就是大部分学生所难以较快较好地理解、掌握和运用的知识、比较复杂的技能和比较生疏的技巧。

中学语文教师备课时对难点首先自己要理解透彻,同时要从学生的实际可接受程度出发,着力化难为易;对于比较抽象的知识,应当配备生动形象的例子来解释;对于比较复杂的问题,应当通过多层次的分析来化解;对于表面相似、容易混淆的内容,应当用比较的方法指出它们之间的异同。

4. 备学生

学生是学习的主体,也是教师工作的对象,教师的一切教学活动都是围绕学生进行的。因此,中学语文教师备课时,也要深入了解学生的特点,这对于上好语文课是十分重要的。具体来说,中学语文教师在备课时,应从以下几个方面来了解学生。

第一,要了解大多数学生的智力和非智力发展状况,并以此为依据确定教学内容。

第二,要了解大多数学生的语文素养,以便更有的放矢地开展教学活动。

第三，要了解学生的性格特点和家庭状况等，以便在教学过程中采取不同的方式启发所有的学生都主动学习。

5. 备方法

备方法指的是备教学方法，也就是指解决课堂教学中可能出现的问题的门路和程序。中学语文教师备课中的备方法，要特别注意以下几个方面。

第一，明确教案上确定的教学方法在教学过程中如何得到很好的体现。

第二，进一步思考是否还有更适合学生的方法来开展教学活动。

第三，在存在多种教学方法的情况下，应通过综合比较分析选出最佳的教学方法或是教学方法组合。

第四，要确保所选择的教学方法与学生的年龄特点相符合。

6. 备问题

备问题是备课过程中不可缺少的一个环节，问题备得好，就抓住了"牛鼻子"，教学思路一下子就会变得清晰，整个教学过程便会变得通畅，课堂教学的效果便会是相当理想的。因此，中学语文教师在进行备课时，备问题是不可忽视的一项重要内容。而中学语文教师在备问题时，以下几个方面要特别予以注意。

第一，要在对教材内容钻深钻透的基础上备问题，以便所备的问题能帮助学生更好地理解和掌握所学内容。

第二，要在全面、客观地了解学生的学习基础和学习兴趣的基础上备问题，以便学生能积极参与到问题的讨论与回答之中。

第三，要安排好问题提出的方式、时机和顺序等，以便问题能真正促进教学的顺利开展。

7. 备语言

中学语文教师备课中的备语言，主要指的是中学语文教师要考虑根据具体的教学内容的性质特点，选用能简洁明了地讲清教学内容,让学生理解起来十分容易的语言,切忌不着边际地"信口开河"。

8.备情感

中学语文教师备课中的备情感,主要指的是中学语文教师的精神状况,即中学语文教师上课前的心情是否舒畅、情绪是否愉快、信心是否充足等。中学语文教师在上课前要尽量设法把自己的精神状态调整到最佳,以便教学取得良好的成效。

(三)中学语文教学备课的注意事项

中学语文教师在进行备课时,以下几个方面要切实予以注意。

第一,不可脱离教材、舍本求末,即中学语文教师应在深钻教材的基础上进行备课。

第二,不可只重教材、不管学生,即中学语文教师在备课时,除了要注重钻研教材,也不能忽略了解学生。

第三,不可敷衍了事、流于形式,即中学语文教师在备课时,不可内容过于简单,而且教学的目的要求、教学方法、课堂结构等必须一目了然,不能流于形式。

第四,不可面面俱到、缺乏重点,即中学语文教师在备课时,必须把握好教学的重点内容,并对其进行详细讲解。

第五,不可千人一面、缺乏新意,即中学语文教师在备课时,既要注重对他人教学经验的学习,也要注重对自身经验的利用,并积极发现教学中存在的问题,以便自己的备课能有新意。

二、中学语文教学的授课艺术

在中学语文教学中,授课是向学生高效率地传授知识和技能,发展学生的智能。而中学语文教师要想有效地开展授课活动,并确保自己的授课取得成效,就必须要形成一定的授课艺术。

（一）中学语文授课的导入与结束艺术

1. 中学语文授课的导入艺术

中学语文授课的导入是一堂课开始时,中学语文教师为新课讲授而说的话,它可以引发学生的学习兴趣,可以是切入新旧知识的衔接点,为一节课顺利进行打下良好的基础。

（1）导入的方法。中学语文教师在进行授课时,应依据实际情况选择最恰当的导入方法。就当前来说,中学语文教师可以运用的教学导入方法有以下几种。

第一,开门见山法,即从讲解与分析文章题目入手,引入对课文内容的学习。

第二,温故知新法,即通过复习前面的概念,将上一节课的内容与本课联系起来,从而导入新课。

第三,实物展示法,即通过展示与课文有联系的实际事物来导入课文内容。

第四,情感熏陶法,即中学语文教师在课的起始时,用充满感情的语言创设某种具体生动的情境即能唤起学生的情感体验,引起他们激动的情绪,使他们的思想感情同课文内容产生共鸣,从而导入新课。

第五,联系生活法,即将生活体验引入课堂,唤醒学生将课文与生活联系,从而导入新课。

第六,教师特长展示法,即中学语文教师根据自己的特长,或朗诵、或唱歌、或演讲、或讲故事,从而调动学生的主体感受和学习兴趣,导入新课。

第七,制造悬念法,即中学语文教师在教学开讲之时有意识地制造悬念,诱发学生的好奇心和求知欲,从而激发他们的热情,积极参与到新课的学习之中。

（2）导入的要求。中学语文教师在进行授课时,要想自己的课堂导入取得良好的成效,应切实遵循以下几个要求。

第一,导入要确保其内容安排与新课的教材内容有内在的逻辑联系,使之成为教学内容的有机组成部分。

第二,导入要切题并符合学生的实际,即中学语文教师要在吃透教材内容、全面了解学生实际的基础上选择导入的方法。

第三,导入要注意语言准确、生动、有趣、简洁,不可过于冗长,更不能模棱两可。

第四,导入要注意启发学生的积极思维,促使学生产生学习的好奇心和求知欲。

第五,导入要讲求新颖,切不可千堂一调,万课一腔。

第六,导入要有针对性,或是因文(教材、教学内容)而异,或是因人(学生与教师)而别,或是循情(学情及教学时机、气氛)而变,或是循需(教学目的)而发。

2. 中学语文授课的结束艺术

中学语文授课的结束也是每堂课的重要环节,而且中学语文教学过程的艺术要求导入引人入胜,中间高潮迭起,结讲更加精彩、画龙点睛、余味无穷。

（1）结束的方法。中学语文教师在结束授课时,可以借助于以下几种有效的方法。

第一,总结法,即中学语文教师在结束授课时,用准确精练的语言对教学内容的重点、难点提纲挈领地归纳总结,以使学生明白知识线索,巩固知识内容,加深理解,强化记忆,并上升到新的认识。

第二,对比法,即中学语文教师在结束授课时,从思想内容、篇章结构、语言表达、形象塑造等不同方面,有所侧重地把课文与以前学过的一篇或几篇文章进行对照比较,从而使学生把握特点、总结规律,加深对课文的理解。

第三,悬念法,即中学语文教师在结束授课时,结合下节课所要讲的内容,提出一些富有启发性的问题,造成悬念,激发学生的求知欲,并为下节课的开讲创造条件。

第四,练习法,即中学语文教师在结束授课时,布置适当的练习让学生做,以检查他们对所学内容掌握的情况,及时发现和解决问题,复习、巩固所学知识,并做到举一反三,触类旁通。

第五,评论法,即中学语文教师在结束授课时,在对课文主旨进行概括、提炼的基础上,再对课文的内容或写法的某一方面进行评论,从而加深学生对课文的理解。

第六,延伸法,即中学语文教师在结束授课时,根据讲课内容引导学生由课内向课外延伸、扩展,使之成为与第二课堂联结的纽带。

(2)结束的要求。中学语文教师在结束授课时,应切实遵循以下几个要求。

第一,要对整堂课的内容做简要的归纳,勾画出一个大致的轮廓,以便学生对本堂课基本内容的理解和记忆。

第二,要针对学生听课的实际情况,对教学内容进行有重点的回顾。

第三,要让学生了解和掌握得到结论的途径和方法,以便他们今后在学习类似的知识时能灵活加以运用。

第四,要给授课结束留有充足的时间,以免"虎头蛇尾",不能善始善终,致使学生在下课时对课堂应该掌握的教学内容"胸中无数"。

第五,要实事求是,不可画蛇添足,以免学生产生厌烦情绪。

第六,要注意前后的思想、内容等相统一,以免影响学生对教材内容的正确理解。

(二)中学语文授课的讲解艺术

在中学语文课堂教学中,讲解是教学的基本形式,因此中学语文教师必须要具备良好的课堂讲解技能。

1. 讲解的含义

在中学语文课堂教学中,讲解处于十分重要的地位。所谓讲解,就是中学语文教师在课堂教学过程中,运用简洁、科学的教学语言对教学内容做逻辑性叙述,从而帮助学生掌握相关知识的过程。实际上,课堂讲解就是中学语文教师与学生进行双向信息交流的过程。

2. 讲解的作用

在中学语文课堂教学中,良好的讲解能够有效促进教学效果的增强以及课堂教学效率的提高。这具体表现在以下几个方面。

第一,中学语文教师进行课堂讲解,可以使学生形成完整、正确的记忆,并进一步明确新旧知识之间的联系,从而有效完善自己的知识体系。

第二,中学语文教师进行课堂讲解,可以引导学生明确问题的解决思维以及解决方式,从而提高独立思考的能力。

第三,中学语文教师进行课堂讲解,可以通过突出教学重难点来帮助学生更好地掌握所学知识,继而有效实现教学目标。

第四,中学语文教师通过课堂讲解,可以激发和培养学生正确的情感态度、价值观,帮助他们历练健康的心理,塑造健全的人格。

第五,中学语文教师通过课堂讲解,可以激发学生对所学知识的浓厚兴趣,激发他们学习的主动性,实现“乐学”。

3. 讲解的运用

中学语文教师在进行课堂讲解时,要想收到良好的效果,应特别注意以下几个方面。

第一,中学语文教师在进行课堂讲解时,要确保所讲解的内容和中学语文课承担的任务具有一致性,并能够促进中学语文课任务的实现。

第二,中学语文教师在进行课堂讲解时,要注意展示讲解内容的价值、意义和作用,使学生能够清楚地了解为什么要学这部分内容。

第三,中学语文教师在进行课堂讲解时,要对学生已经有所理解和有所认识的某些重点、难点、疑点,有选择地、适当地做些升华性讲解,以提高学生深入分析、高度概括和灵活运用的能力。

第四,中学语文教师在进行课堂讲解时,要注意对训练学生思路、活跃学生思维、发展学生智力有直接培养意义的内容做适当引导讲解,以发展学生智能,特别是发展学生的观察力、注意力、记忆力、想象力和创造力。

第五,中学语文教师在进行课堂讲解时,要尽力做到要言不烦、深入浅出、准确科学、生动形象。

第六,中学语文教师在进行课堂讲解时,要注意结合教学内容和自学需要,对某些自学方法和自学途径做示范性讲解,使学生学会去寻找思索问题的线索,摸索分析问题的途径,掌握解决问题的钥匙,提高自主学习能力。

第七,中学语文教师在进行课堂讲解时,要尽可能提出自己独特的观点和看法,切不可完全照搬别人的观点与看法。

第八,中学语文教师在进行课堂讲解时,要分清主次、轻重、缓急,该详细讲解的内容就详细讲解,该简略讲解的地方就简略讲解。

（三）中学语文授课的语言艺术

中学语文教师的语言表达水平要高于其他学科的教师,这是由语文学科的特点决定的。此外,在各教学环节都安排恰当的前提下,中学语文授课的成败主要是通过语言来进行的,即取决于中学语文教师授课的语言艺术。具体来说,中学语文教师应从以下几方面着手来提高自己授课的语言艺术。

第一,中学语文教师授课的语言必须准确精练、逻辑性强、具有严密的科学性。

第二,中学语文教师授课的语言必须具有节奏感,以便集中学生的注意力,避免单调刺激,减少学生的疲劳,使教学气氛和谐轻松。

第三,中学语文教师授课的语言必须要有幽默感,以活跃课堂气氛,吸引学生的注意,增强学生求知的快感和启发学生的智力。

（四）中学语文授课的板书艺术

在课堂教学中,板书是不可缺少的一种辅助形式,它与教师的口头语言讲授互为补充、相得益彰。因此,中学语文教师在授课过程中,要想授课取得良好的成效,必须重视板书的设计与呈现。

1. 板书的作用

在中学语文教师的授课过程中,板书往往发挥着十分重要的作用,这具体表现在以下几个方面。

第一,板书能帮助中学语文教师厘清教学思路和教学的重难点。

第二,板书能使比较抽象的教学内容变得十分具体,比较难懂的教学内容变得相当容易理解。

第三,板书能使教学内容在学生的头脑中留下极其鲜明、极其深刻的印象,并帮助学生建立知识框架,从而使学生更好地理解和掌握所学的内容。

2. 板书的类型

在中学语文教学中,板书大致可以分为两类,即逻辑型板书和艺术性板书。

（1）逻辑型板书。这种板书通常适用于中学语文教学中对记事为主的记叙文、议论文、说明文的分析等,其逻辑性强、脉络清楚、层次分明,有利于学生记忆。

（2）艺术型板书。这种板书通常适用于中学语文教学中对情节较为曲折生动一类文章的分析,其比较灵活、富于变化,有利于激发学生积极的情感活动。

3. 板书的运用

中学语文教师在授课中运用板书时,应切实遵循以下几方面的要求。

第一,板书要通盘考虑,精心设计,主次分明,重点突出,能够在学生的头脑里留下深刻的印象,利于学生下课后的复习和记忆。

第二,板书的运用不可喧宾夺主、过于详细,即不可把讲授作为板书的辅助形式,板书才是讲授的辅助形式。

第三,板书应依据不同的教学情境呈现出不同的表现形式。

第四,板书的内容要提纲挈领、有系统性,不可丢三落四、条理不清;要出示适时,突出重点;应简明扼要,有浓缩词句时要注意准确、恰当地表达原意。

第五,板书的书写要端正、规范、表意准确,不可过于马虎,以免影响学生辨认;板书的书写速度不可太慢,以免影响整堂课的教学进度。

第四章 中学语文教学的过程、原则与方法探究

语文是最重要的交际工具,个人生活发展和工作学习休闲中用到最多的是语文。因此,在中学教学中,语文教学是一项十分重要的内容。在本章中,将对中学语文教学的过程、原则及方法的相关内容进行简要阐述。

第一节 中学语文教学的过程分析

中学语文教学的过程是指学生在教师的组织和指导下,有目的、有计划的学习课文及语文基础知识,进行听说读写训练,从而使学生获得语文知识、形成语文能力的过程。

一、中学语文教学过程的特点

中学语文教学的过程具有显著的特点,概括来说主要包括以下几方面。

（一）整体性和局部性的统一

中学语文教学过程的这一特点在阅读教学中表现得尤为明显,在阅读教学中,理解一篇文章的合理顺序应该是"整体—局部—整体"。因为只有从整体上把握了文章作者的感情、思想,文章的内容、形式特点,对局部的理解才能做到"高屋建瓴"。

（二）稳定性和变动性的统一

中学语文教学的过程就是使学生不断朝着一定的目标一步一步地"循序渐进"，这个"序"就是规律，这个规律使得中学语文教学的过程具有了稳定性的特点。但如果把教学过程理解成一个固定不变的过程那就是大错特错了，在中学语文教学的过程中，由于教学方法、学生的知识积累以及思想状况等的不同，语文教师要对语文教学过程进行不断的研究和探索，这就使得教学过程具有了一定的变动性特点。由此可以说，中学语文教学的过程具有稳定性和变动性统一的特点。

二、单篇课文的一般教学过程

中学语文教学就是以一篇文章为范例，教会学生阅读同一类文章。单篇课文的一般教学过程如图 4-1 所示。

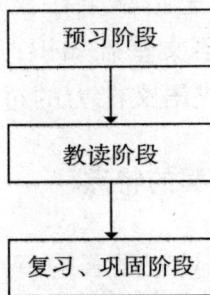

图 4-1　中学语文教学的一般过程

（一）预习阶段

凡事预则立，所以教师在上课之前一定要做好备课工作，而学生也要预习一下，做好准备，只有这样才能取得良好的教学效果。

1. 预习的作用

具体来说，预习的作用主要包括以下几方面。

第一,对教师来说,可以提前发现学生在学习新课文时的疑难点,加强下一阶段教学的针对性。

第二,促使学生养成主动学习的良好习惯,培养自学能力。

第三,使学生初步感知教材,掌握大意,理出疑难点,加强听课的针对性。

2. 预习的类型

根据不同预习方式,可以将预习分为不同的类型(表4-1)。

表4-1　预习的类型

分类	类型	内　容
预习目标	定向预习	要求学生以课文的一个方面的内容作为预习重点,不对课文理解做全面要求
	不定向预习	要求学生对课文做初步的、全面的理解,从字、词、句到课文内容、形式的掌握都有所要求
预习时间	课内预习	有利于学生之间的相互交流,有利于教师的指导
	课外预习	有利于学生独立思考能力的充分发挥
预习方法	疏通式预习	要求学生借助工具书,理解生字、新词,能较畅通地阅读课文并初通文意
	质疑式预习	要求学生在预习课文时提出一些有质量的问题,以促使学生在读课文时,学会透过文章的字面意义,理解文章的深层含义
预习内容容量	单篇预习	对单篇课文提前进行预习
	单元预习	在单篇预习的基础上,将单元内的几篇课文做比较,同类文章可找出规律,不同文章可辨别各自的特色

3. 预习指导

(1)预习指导的程序。一般来说,预习的程序如图4-2所示。

(2)指导学生使用工具书。指导学生使用工具书应做到以下几方面。

第一,向学生介绍、推荐常用的字(词)典。

第二,指导学生查阅常用词典的方法。

第三,要求学生养成借助工具书独立阅读文章的良好习惯。

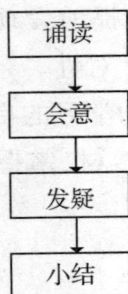

图 4-2　预习的程序

（3）教师适时给学生补充相关知识。在预习课文时，经常会涉及一些相关知识，教师应该鼓励学生自己动手查阅相关知识，必要的时候教师要为学生进行讲解，以便学生能够顺利阅读。

（4）指导学生相互质疑问难。在预习时，学生之间的质疑问难，既可以达到互相帮助、交流，共同提高的目的，又能够养成主动学习的习惯。

（二）教读阶段

教读阶段是指教师指导学生在预习的基础上全面深入的理解课文，解决在预习中不能独立解决的疑难问题，传授读书方法、培养阅读能力的阶段。教读阶段一般有下列八个环节（图 4-3）。

（三）复习、巩固阶段

这一阶段要复习、巩固前两个阶段所学习的知识，并将知识转化为能力。通常来说，复习、巩固主要有以下几个环节（图 4-4）。

```
┌─────────────────────────────┐
│       指导理解文章标题       │
└─────────────────────────────┘
              │
              ▼
┌─────────────────────────────┐
│  介绍作家和时代背景等相关知识  │
└─────────────────────────────┘
              │
              ▼
┌─────────────────────────────┐
│           文字教学           │
└─────────────────────────────┘
              │
              ▼
┌─────────────────────────────┐
│           词汇教学           │
└─────────────────────────────┘
              │
              ▼
┌─────────────────────────────┐
│           句子教学           │
└─────────────────────────────┘
              │
              ▼
┌─────────────────────────────┐
│           段落教学           │
└─────────────────────────────┘
              │
              ▼
┌─────────────────────────────┐
│           求旨教学           │
└─────────────────────────────┘
              │
              ▼
┌─────────────────────────────┐
│           篇章教学           │
└─────────────────────────────┘
```

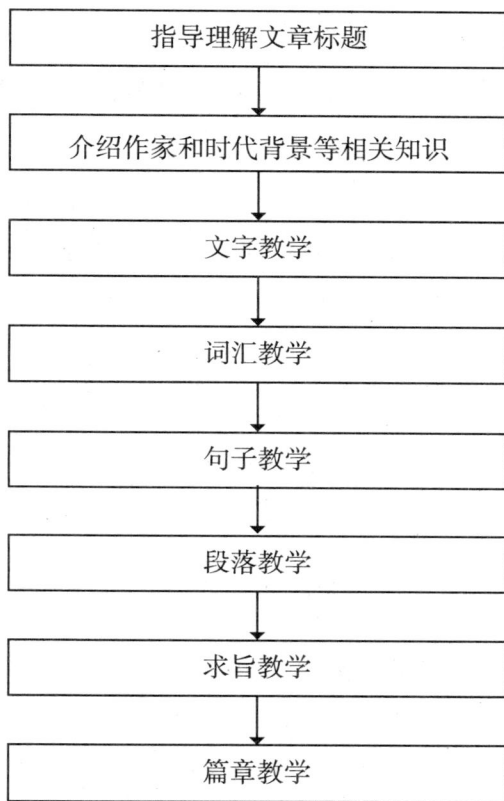

图 4-3　教读阶段的八个环节

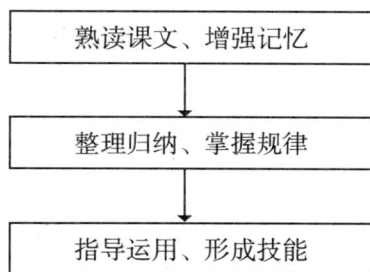

```
┌─────────────────────────────┐
│      熟读课文、增强记忆      │
└─────────────────────────────┘
              │
              ▼
┌─────────────────────────────┐
│      整理归纳、掌握规律      │
└─────────────────────────────┘
              │
              ▼
┌─────────────────────────────┐
│      指导运用、形成技能      │
└─────────────────────────────┘
```

图 4-4　复习、巩固阶段的环节

第二节 中学语文教学的基本原则

中学语文教学原则是依据中学语文教学规律制定的规范语文教师进行教学工作的行为准则,也是学生学习语文的行为准则。概括来说,中学语文教学应遵循以下几条基本原则。

一、素质教育与人文素养培养相融合的原则

素质教育与人文素养培养相融合的原则是中学语文教学应遵循的重要原则,具体来说,要贯彻这一原则应做到以下几方面。

（一）在教学中渗透人文教育，调动学生的积极性和创造精神

要想在中学语文教学中渗透人文教育必须要做到以下几点。

1. 尊重学生的个性

每个中学生都有不同于他人的自我意识,而不同于他人的意识,便成了个性。在中学语文教学中,教师不但要关注学生的自我意识,更要尊重他的个性,鼓励发展个人意识,强调个人的选择自由以及对自己选择的责任,帮助养成一种学会对自己负责的生活态度。

2. 关注学生的心灵

在中学语文教学中,教师一定要多关注学生的心灵,具体应做到以下几点。

第一,要处理好师生之间的关系。

第二,要有意识地引导学生学会关注心灵。

（二）对学生进行严格的听说读写训练

中学生听说读写能力的高下是中学教学质量优劣的反映,也

是素质教育成功与失败的一个重要评价标准。因此,中学语文教师要在全面提高中学生素质的思想指导下,对中学生进行严格的听说读写训练。

二、课内语文学习与课外语文学习互相促进的原则

要贯彻课内语文学习与课外语文学习互相促进的原则必须做到以下几方面。

(一)树立"大语文"教学观,扩大中学语文教学视野

语文是母语教育课程,因此其应该是开放而富有创新活力的,应尽可能满足不同地区、不同学校、不同学生的需求,并能够根据社会的需要不断自我调节、更新发展。因此,中学语文教师一定要树立"大语文"教学观,扩大中学语文教学的视野,灵活运用多种教学策略,积极开发课程资源,引导学生在实践中学会学习。

(二)鼓励学生深入社会实践

完全的知识应该由书本知识加实践知识组成,完全的能力应该由认识能力加实践能力构成,没有实践能力认识能力就失去了实际意义。因此,中学语文教师要鼓励学生深入社会实践,在实践中学语文和用语文。

(三)给学生创设语文课外活动的条件和环境

中学语文教师要积极给学生创设语文课外活动的条件和环境。

第一,请求学校为语文教学配置相应的设备。

第二,与社区建立稳定的联系,争取社会、家长等各方面的支持,开展多种形式的语文学习活动。

三、听说读写综合训练的原则

在中学语文教学中要贯彻这一原则应做到以下几方面。

（一）培养学生养成良好的听说读写习惯

语文教学课堂是通过师生双方的听说读写综合运用来实现目的的。教师要着力培育学生综合运用四种能力的习惯，学生读书，要求他们勤查工具书，学会圈点批注，上课勤做笔记，课后写读书笔记。平时听到别人说的，或从书上、报刊上看到有价值的资料，及时摘录并分类整理，不断积累，学识就会不断丰富。

（二）结合课文内容，以点带面，综合训练

在中学语文教学中，教师要注意结合课文内容，以点带面，既突出重点，又兼顾综合训练，使学生四种能力真正得到协调发展。另外，中学语文教师要有意识地把听说读写综合在一起进行训练，为学生提供更多的运用机会。如上课时记笔记、写作文前先"说文"等。

（三）营造全面训练的大环境

由于课内时间有限，相对完整的听说读写往往安排在课外进行，比如阅读文章后写心得体会、编写"手抄报"等活动在课内是难以完成的，所以，进行听说读写的综合训练需要课外的配合。老师要重视课外活动的指导，要根据学生的思想、能力、兴趣等不同情况将听说读写的综合训练延伸到课外，以便切实提高学生的综合能力。

第三节 中学语文教学的常用方法

中学语文教学方法是指为了达到语言教学的目的、完成教学任务,在以教师为主导、学生为主体的听说读写活动中所采用的方式和手段,体现为教法和学法的统一。

一、中学语文的教法

中学语文的教法主要包括以下几种。

(一)讲述法

讲述法是由教师把确定的内容用言语形式传授给学生的方法。这种方法使用的主要材料是言语,教学效果的好坏与教师的言语有极大的关系。教师不但要注意自身的言语表达能力的优化,也要注意培养学生的听话水平。讲述法有自身的优缺点,如表4-2所示。

表 4-2 讲述法的优缺点

讲述法的优点	1. 能面对全班大多数学生,在较大程度上适应班集体
	2. 能比较全面、准确、系统地传授新知识
	3. 能突出重点和难点,又节省了时间
	4. 有利于学生记笔记,帮助学生提高文字的组织和表达能力
	5. 能较充分地显示教师在语言运用、知识理解、读书方法等方面的示范作用
讲述法的缺点	1. 由于缺乏信息的双向交流,所以教师难以了解教学效果,不能及时调整教学进度
	2. 只从教师方面输出信息,学生处于被动地位,处理不当会压抑学生的学习积极性
	3. 不利于学生读和说的能力培养
	4. 不利于学生分析问题、解决问题的能力发展
	5. 无法照顾学生的个别差异

需要指出的是,讲述法是一种传统语文教学的方法,对这种古老的方法,要有正确的认识。教师要充分发挥它的长处,与其他方法配合,以弥补它的不足。

（二）问答法

问答法又称提问法,是教师有计划、有目的地提出问题、以引起学生积极的思考、解决问题,达到预期目的的常用教学方法,也可以在教师的组织指导下,学生就学习内容提出问题、互相答疑,从而达到学习的目的。问答法也有一定的优缺点（表4-3）。

表4-3　问答法的优缺点

问答法的优点	1. 培养学生勤于思考、勤于分析问题的习惯
	2. 提高学生的思维能力和解决问题的能力
	3. 唤起学生的有意注意,将思维的目标迅速指向重点、难点、疑点
	4. 有利于说话能力的培养
	5. 教师能及时掌握学生的学习情况,从而能根据具体情况及时调整教学进度和教学方法
问答法的缺点	1. 不利于系统地传授新知识
	2. 不利于保持知识的完整性
	3. 教师的提问不可能适应班级所有学生,无法照顾个别学生的差异
	4. 一次提问只限于一个学生回答,就很可能造成只有少数学生思考、多数学生处于消极等待的状态

（三）多媒体辅助教学法

20世纪末,随着Internet网络、多媒体计算机技术的发展,在教学中引入了多媒体辅助技术,该技术是以计算机为主体的信息技术。在教育、教学领域中的运用,将导致教学内容、教学手段、教学方法和教学模式的改革,最终引起教育思想和教育观念、教与学的理论的改革。多媒体辅助教学作为一种学习新环境,如果运用适当,可以解决两个重要的教学问题:一是能促进有效学习,二是能照顾个别差异。新教学环境下的教与学,使得语文教学内容自然生活化、时空立体化,这有助于培养学生开放性思维、超前性思维、系统性思维、创造性思维。多媒体辅助教学法也有一定的优缺点(表4-4)。

表4-4　多媒体辅助教学法的优缺点

多媒体辅助教学法的优点	1. 能超越时间和空间的限制,将内容全面地显示在学生面前
	2. 反映的教学内容直观、形象,有利于扩大学生的视野、拓宽学生的知识面
多媒体辅助教学法的缺点	1. 不能用机器代替言语技能的培养,语文教学中使用电化教学,只能作为辅助手段
	2. 如果控制不当就会影响读、写基本功的训练
	3. 教师凭借多媒体课件向学生传播知识,师生之间的交流被声像所干扰,不能立即判断学生理解知识的程度,不易根据学生的学习情况及时调节教学内容
	4. 花费时间较多,且需要一定的物质条件

二、中学语文的学法

中学语文的学法主要包括以下几种。

(一)默读法

默读是无声的阅读,默读有助于深入揣摩、理解文章的思想内容,默读法也有一定的优缺点(表4-5)。

表4-5　默读法的优缺点

默读法的优点	1. 阅读速度快 2. 默读有利于思考 3. 默读是相对独立的个体行为,它可以根据各自的实际情况灵活控制阅读速度、阅读范围,有利于照顾学生的个别差异
默读法的缺点	1. 单纯的默读对知识记忆不利,不能单用默读方法去增强记忆 2. 默读是一项内部的、隐性的精神活动,没有外部标志,因此,教师对学生的阅读质量,特别是理解的实际情况无法做出准确的判断

需要指出的是,默读速度的培养,是默读能力的重点。但默读速度正如阅读的深度,也因人而异。所以,默读训练也要注意学生的个别差异,只要学生以自己的默读速度为起点不断提高,

取得进步就是成绩。

（二）朗读法

朗读是一种阅读方式，是阅读的最基本方式，是眼、口、耳、脑并用的创造性阅读活动。掌握朗读的方法，一般要经历正确清楚的朗读、准确流畅的朗读和传情达意的朗读三个依次递进的阶段。朗读法也存在一定的优缺点，如表4-6所示。

表4-6　朗读法的优缺点

朗读法的优点	1. 能够提高对课文的理解能力和鉴别能力 2. 有利于培养学生的口头表达能力 3. 能增强作品的感染力，使听者如闻其声、如临其境、如见其人，又能使朗读者陶冶性情，开阔胸怀
朗读法的缺点	1. 与默读相比，速度较慢，吸收的知识量较少 2. 因为朗读是一种口、眼、耳、脑并用的综合活动，它分散了大脑的思维功能，对一些逻辑性较强的文意（像议论文）理解就会造成疏漏，或者不够连贯的现象

（三）讨论法

讨论法是指在教师的组织和指导下，通过师生之间、学生之间的对话形式，相互交流，从而达到教学目的的一种方法。讨论法也有一定的优缺点（表4-7）。

表4-7　讨论法的优缺点

讨论法的优点	1. 有利于促进学生灵活运用知识、分析问题、解决问题能力的形成； 2. 能有效地调动学生的学习积极性，使学生真正成为学习的主体； 3. 讨论法是参加讨论的全体成员间的多向信息交流。在交流中，师生们发表自己见解，对各种不同的意见、不同看法进行比较，相互之间取长补短，达到共同提高的目的。这种讨论更容易形成团结、互助的优良风气
讨论法的缺点	1. 不利于语文基础知识的传授和基础能力的训练； 2. 容易造成顾点失面的现象，讨论的内容过于集中、单一，会影响其他内容的学习

需要指出的是，在阅读教学中，在多数情况下，讨论法要与其他方法结合使用，因为讨论法确实会给语文基础知识的传授和读

写基本功的培养带来一定影响,所以,即使是完成一篇课文的教学,也不宜只使用讨论法,也应与其他方法配合使用。

（四）练习法

练习法是学生在教师的指导下,通过自己的感官活动,巩固和运用知识,掌握技能,形成能力的方法。它是以学生相对独立活动为主的学习活动,适用性很广,在听说读写各项能力训练中都要运用这种方法。这种方法也存在一定的优缺点（表4-8）。

表4-8　练习法的优缺点

练习法的优点	1. 只有指导学生在课后、在实践中多练习,才能将所学的知识转化为稳定的语文能力 2. 鼓励学生在社会生活中练习听说读写,这样,学生能接触到课堂上难以接触到的新事物,也会遇到难以预料的实际问题,这些都有助于学生创新思维的培养,又增强了对社会生活的适应性
练习法的缺点	1. 它一般不能传授新知识,多半只能重现已有知识 2. 练习过多,尤其是记忆性的练习过多,会影响学生综合思考能力的发展

第五章　中学语文教学设计的基本理论探究

　　中学语文学科教学设计是对中学阶段的语文学科教学进行总体设计,也是对这个阶段的每一个年级、每一个单元、每一篇课文、每一节语文课进行针对性的设计。前者是广义的中学语文教学设计,后者是狭义的中学语文教学设计。不管是广义的中学语文教学设计还是狭义的中学语文教学设计,都要把中学语文学科作为一个系统来统筹安排。中学语文学科教学设计是一个有组织的系统,应建构有序的中学语文学科教学设计体系,避免中学语文学科教学设计中的随意性、经验性、盲目性,强化中学语文学科教学设计的科学性、系统性、组织性。本章就中学语文教学设计的基本理论进行探究。

第一节　中学语文教学设计的理论基础

　　语文教学设计是以教育哲学、普通教育学、课程论与教学论等作为理论基础,分析语文教学实际问题和客观需要,制定语文教学规划。对于语文教学设计,《基础教育课程改革纲要(试行)》和《语文课程标准(实验稿)》都主张:充分发挥师生双方在教学中的主动性和创造性;努力体现语文课程的实践性和综合性;重视情感态度和价值观的正确导向;正确处理基本素养与创新能力的关系;遵循中学生身心发展的规律和语文学习规律选择教学策略。新课程理念下的语文教学是以培养学生的综合语文素养为着眼点。教学设计应先考虑教学任务、教学背景、教学对象,分析三方面的关系,整体设计构思教学思路、阐明设计理念,这样才能做到教学设计具有科学性、可操作性。语文教学设计理念是在当代有重要影响的课程观、学习观、知识观基础上提炼而成的。了解构成语文教学设计理念基础的课程观、学习观、知识观,有助于我们理解和认同上述语文教学设计理念。

一、课程观与中学语文学科教学设计

中学语文学科教学设计是课程设计的微观层次,是语文教师对宏观、中观层次的课程的理解、把握,体现的是语文教师的课程观。在信息化、学习化社会,语文教学设计要适应社会发展和学生发展的需要,语文教师的课程观就要有相应的改变。

(一)关于大课程观

持"大课程论"观点的学者一般认为课程是一个广泛的概念,是学校教育中一个大系统,教学则是一个特殊的现象和子系统,课程作为一种教育进程包含了教学。大课程论把课程的本质看成既是一种"教育计划",也是一种"预期教育结果",还是一种学生获得的"教育经验",等等。进而,把课程看成是"一段教育进程"。课程不仅仅是存在于"观念状态"的可以分割开的"计划""预期结果",或者"经验",课程根本上是生成于"实践状态"的无法分解的、整体的"教育活动"。既然是"教育活动",就必然现实地而不是抽象地包含着和关涉着教育的各个方面、各个要素和各种成分。课程实质上就是实践形态的教育,课程研究就是实践形态的教育研究,课程改革就是全面的实践形态的教育改革。

在物化构成上,大课程论超越了课程就是教材的观念,扩大为课程材料包括课程原理、课程计划、课程标准、课本、教学指南、教师指导、补充材料、课程包(多媒体课件)等。其中,教师活动实际上贯穿了整个课程研制过程。在课程实施和评价阶段,教师无疑都是参加者。即使在课程规划阶段,教师也是直接或间接的参加者。每位教师的备课,实质就是在学校情景中班级层次上的课程规划。

（二）大课程观指导下的中学语文学科教学设计

大课程观的基本观点对中学语文学科教学设计的指导意义表现在以下几个方面。

1. 重视语文学科教学过程的系统设计

语文学科教学过程,按历时态要素可以划分为:语文学科教学规划、语文学科教学实施、语文学科教学评价。按共时态要素可以划分为教师、学生、教材、教学环境等要素。在历时态要素中,语文教师的学科教学设计要延伸到语文学科教学规划阶段,参与到语文课程标准的制定、语文教材的编写、教学参考资料的编写中去。中学语文学科教学设计还要下行到语文学科教学评价。在共时态要素中,教师、学生、教材、环境等要素各有其系统功能,并且它们相互作用,构成不同的系统运行方式。

2. 重视课内语文学习与课外语文学习的结合

课内语文学习,主要是指学校课堂的语文学习;课外的语文学习包括家庭的语文学习、社会的语文学习。课内语文学习要与课外语文学习相结合,教师在进行中学语文学科教学设计的过程中,要充分考虑到学生原有的语文学习知识和经验,联系学生生活环境,进行必要的拓展延伸。此外,语文教师要指导学生进行课外的语文学习,培养学生在家庭、社会生活中运用语文、学习语文的习惯和能力。

3. 教师用教材教

在大课程观的视野中,显性课程与隐性课程同样重要,在课程系统中都能发挥各自独特的功能。那么,在语文学科教学中,这一理念告诉我们不但要重视语文教学物化的载体——教材,也要关注语文教学非物化的载体,如教师和学生的知识和经验。在使用教材,落实语文课程标准的教学目标的时候,也要考虑到当地学生的实际情况,根据学生的实际需要和原有的认知水平和能力,选择适合其能力发展水平的课程内容。

4. 语文校本课程建设

校本课程就是以学校为本的课程。我国的校本课程是在学校本土生成的,既能体现各校的办学宗旨、学生的特别需要和本校的资源优势,又与国家课程、地方课程紧密结合的一种具有多样性和可选择性的课程。实施校本课程建设的最主要目的是让所有学校、教师、学生、家长等都"动起来"。校本课程建设把学校推到了课程改革的前沿,学校成了课程建设的主体。在校本课程建设的过程中,教师亲自参与课程编制的整个过程。国家提供的课程标准,成为他们主动学习研究的指导性纲要,国家提供的配套教材成了他们自主选择的对象,不再是提供给教师的课程集装箱。校本课程建设让学校的教师、学生、家长、校长、校外课程专家和学科专家以及社区成员等各方面的人员彼此沟通起来。高度集中的课程编制使得所有学校、所有的教师、所有级别的教育行政人员各自分别地对中央负责,他们彼此之间缺乏沟通和理解,校本课程建设使不同方面的人士为了一个共同的目的走到一起,他们不仅更容易了解对方,而且更渴望了解对方。在语文校本课程建设过程中,把语文校本课程单列出来,设置为学科课程来教学是不现实的。由于各级考试的内容仍然是以国家课程为主,学校就不可能不重视国家课程的教学。把语文校本课程的建设放在国家课程、地方课程研制运行的框架里面,做一些适应地方经济、文化发展需要的处理和加工,让语文课程的学习与学生的生活经验更完美地结合在一起。

5. 教师参与语文课程的研制

教师作为语文课程实施的主体,实行国家的课程规划,这是天经地义的。但是教师参与语文课程研制和课程评价是语文教学改革的新思路。让语文教师参与语文课程研制的目的就是让他们具有课程的视野,从课程建设的角度去考虑语文课程实施的具体方案和策略,更容易接受课程改革的新理念。

二、学习观与中学语文学科教学设计

不同的心理学流派,有不同的学习理论。对中学语文学科教学设计影响最大的学习观分别是行为主义学习观、人本主义学习观、认知学习观、建构主义学习观。

(一)行为主义学习观与中学语文学科教学设计

行为主义学习观认为,心理学研究应局限于有机体可观察的外在行为,反对研究内在的意识或心理过程。行为主义心理学把心理学看成自然科学,强调客观实验研究。心理学的任务应该是客观地描述行为与外部条件之间的关系。行为是外部变量,行为的外部条件是函数。

行为主义学习观对中学语文学科教学设计的影响是客观存在的。这些影响有正面的,也有负面的。其正面影响在语文课程标准中仍然存在,如强调语文教学目标的可操作性。

(1)在确定语文学科教学目标的时候,强调目标的可操作性,也就是着眼于学生的学习结果,表述为可观察的行为目标。在语文学科目标的陈述上,主张用可观察、可测量的行为动词表述学科教学目标。

(2)在语文学科教学内容的组织上,提倡根据程序教学原理编制教材。

(3)在语文学科教学活动设计中强调模仿和强化的运用。有机体任何一项联结的获得都是刺激和反应反复作用的结果,重复练习对联结的形成十分必要。对于书写和朗诵的技能,重复练习是必要的。语文基本技能的学习单调乏味,必须激发个体的学习动机,强化就是一种激发学习动机的手段。因此,语文学科学习活动的设计应该始终伴随着强化。

（4）在语文学科教学评价中主张测验外显行为和进行客观测验。语文学习应该测量学生言语行为的变化状况。

（二）人本主义学习观与中学语文学科教学设计

产生于 20 世纪 50 年代末 60 年代初的人本主义心理学，并无严密的理论体系。这个流派是由许多持相近观点的心理学家和学派联合发起的一种学术思想运动。在语文学习上，他们的基本观点如下：第一，注重分析和研究人性。第二，重视研究个体的心理特点。人本主义学习观认为，个体的行为基本上是由他对自己和周围环境所获得的知觉决定的；个人对自己和外界环境的知觉，有纯属主观的和自主的判断。这种判断主要受到个人信念的影响。不同的人有不同的信念，因而，不同的人有不同的行为。第三，心理学研究方法要与研究对象相适应，强调研究人类行为，必须深入个体的内心世界，注意了解其内在的心理历程，分析其主观体验。

以人本主义学习观指导中学语文学科教学设计，就要关注学生个体的发展，基于学生的学情进行中学语文学科教学设计。

（1）中学语文学科教学设计的根本目标是使每一个学生能够挖掘自身潜能，个性得到充分的发展，满足自我实现的人生需要。

（2）中学语文学科教学设计要选择对学生具有个人意义的材料。

（3）中学语文学科教学设计要以学生为中心，突出学生的主体地位。

（4）在语文学科教学评价中实施"情境性测量"和自我评价。

（三）认知学习观与中学语文学科教学设计

认知学习观认为，人们进行信息加工的过程是识别和确定刺激符号的特征、功能和意义的过程。这个过程的实现既依赖于来自环境的外部信息，又依赖于来自储存在长时记忆中的信息，而且,只有在外部信息与已有知识形成一定联系时,才能产生意义,所以,已有的知识将决定信息加工的过程和结果。认知学习观还指出,学生的学习过程就是运用已有知识加工由外部环境输入的新信息的过程。

认知学习观对语文学科设计产生了深刻的影响,具体表现在以下三个方面。

(1)中学语文学科教学设计要遵循学生的认知特点和发展规律,要有助于学生通过知识的学习获得合理的认知结构。语文学科教学目标的设置,应该着眼于学生知识的获得。

(2)中学语文学科教学设计要按照学生加工语言文字信息的规律和认知活动的特点展开教学活动。

(3)中学语文学科教学设计要注重评估个体的认知结构和这种认知结构的功能与外在表现。

在评价标准上,认知学习观不强调答案的唯一性或标准性,而是更侧重于学生完成这些任务(解决问题)的过程中运用已有知识进行建构和推理的过程,允许学生在进行认知加工时有自己的独特偏好和方式。

（四）建构主义学习观与中学语文学科教学设计

建构主义认为认识并非主体对客观存在的简单的、被动的反应,而是一个主动的、不断深化的建构过程。个人的经验世界是用我们自己的大脑创造的,不存在唯一的、真实的实在。学习过程就是知识的建构过程。在知识建构过程中,学习者已有的知识经验有着非常重要的作用,每一个学习者都以不同的方式想象外部世界。建构主义学习观鼓励学生积极面对复杂的学习环境或问题情境。

建构主义学习观对中学语文学科教学设计的影响是全面而深刻的。

(1)语文教学目标应该是教师和学生协商制定的。学生参与到目标设计的整个过程中,学生和教师共同协商、相互配合来完成目标的设计工作。

（2）语文教学任务和教学内容应该是开放而灵活的,并将随着学生学习进程的变化而有所变化。

（3）语文教学方法的设计应该根据具体的学习情境采取相应的、灵活的教学策略。

三、知识观与中学语文学科教学设计

（一）知识观的演变

知识观就是回答知识与认识者的关系问题,知识与认识对象的关系问题,知识陈述本身的问题,知识与社会的关系问题。围绕这四个关系的回答,历史上形成了三种不同的知识观:理性主义知识观、经验主义知识观、实用主义或工具主义知识观。

理性主义知识观认为,知识是理性认识的结果,知识与真理是同等的。知识是"理性的作品"。只有由思想获得的知识才是清晰可靠的,是人类独有的,强调知识构成中的逻辑成分及知识形成中的理性作用。

经验主义知识观认为,人类所有的知识都来源于感觉经验。

实用主义知识观产生于 19 世纪末 20 世纪初,以美国心理学家詹姆斯和杜威为代表。他们将知识看成行动的"工具",因此又称为工具主义知识观。

生命知识观认为,知识是生命创造的,反过来知识也应当创造生命。柏格森认为,生命与知识的关系其关键在于人的生命支配知识还是人的生命被知识支配。在生命理论家看来,生命知识是人生的内在自我经验。

（二）各种知识观指导下的中学语文学科教学设计

以上理性主义知识观、经验主义知识观、实用主义或工具主义知识观和生命知识观对中学语文学科教学设计都有不同程度的影响。

1. 理性主义知识观指导下的中学语文学科教学设计

理性主义知识观重视知识的逻辑和理性。这种观点对中学语文学科教学设计的规范性、逻辑性、科学性、规律性有重要的指导作用。

（1）理性主义知识观指导下的中学语文学科教学设计要规范化。理性主义知识观要求人们充分运用理性,使认识更加清晰明确,减少经验中模糊不清的成分。在中学语文学科教学设计中,我们也在做这样的努力,尽量使中学语文学科教学设计规范化,符合人们理性认识的习惯,能够在规范化的框架中明晰地表达中学语文学科教学设计的意图。这种明晰表达在中学语文学科教学设计的任何一个阶段都是重要的。

（2）中学语文学科教学设计要有逻辑性。理性主义知识观对逻辑的重视是显而易见的。他们希望通过逻辑构建一个可以推理的、可以解释的世界。尽管语文学科具有人文性,在文学审美的过程中强调情感体验,但要解释这种情感,分析这种情感的社会意义却也离不开理性,因此也不能完全用个性体验去反对逻辑分析和推理。中学语文学科教学设计内在要求要有清晰的逻辑线索,才能称为教学设计。

（3）中学语文学科教学设计要有科学性。中学语文学科教学设计的科学性是理性主义知识观的反映。这是由中学语文学科教学设计的目标决定的。语文学科教学的最终目的是形成学生的语文素养,造就能够适应现代社会发展的公民。这是一个理性的目标,要实现这样一个理性目标,中学语文学科教学设计就应该讲究科学性,避免主观臆断。中学语文学科教学设计更要讲究过程的科学性,尽量使每一步都是可以操作、证实、验证的,形成一种符合语文学科教学规律的教学模式。

（4）中学语文学科教学设计要总结语文教学的规律,反映语文学科教学的本质特征。理性主义知识观注重事物的共性。中学语文学科教学设计要总结语文教学的规律,也就是语文学科教学的共性,按照语文学科教学的共性进行设计。

2. 经验主义知识观指导下的中学语文学科教学设计

经验主义知识观强调的是经验,因为知识来源于经验。这个思想对中学语文学科教学设计的影响是,发挥中学语文学科教学设计主体的主观能动性。利用经验进行中学语文学科教学设计。首先,中学语文学科教学设计者要把所有的语文学科知识当成经验,都具有知识来源的价值和功能。其次,中学语文学科教学设计者是多元的,不仅是语文教师,还应该包括语文学习的主体学生。最后,中学语文学科教学设计重视学生各种经验的积累,而不仅仅是书本知识的堆积。

3. 实用主义知识观指导下的中学语文学科教学设计

实用主义的知识观的要义是把知识当成是工具,而且是有用的工具,否则它就不是知识。在这种知识观的指导下,中学语文学科教学设计应该重视中学语文学科教学设计的应用价值。

4. 生命知识观指导下的中学语文学科教学设计

生命知识观主要强调知识中的自我经验的价值,因此,对语文学科教学活动中的主体以及主体的主观感受都给予重视。中学语文学科教学设计在生命知识观的指导下,就要重视发挥教师和学生的主观能动性,把语文教学过程理解为主体之间对话的过程,重视每一个参与者的体验和感受。

第二节　中学语文教学设计的特点、类型与内容

一、中学语文教学设计的特点

当代语文教学设计特征主要表现在下述方面。

（1）更加完整合理地看待学与教之间的关系。当代语文教

学设计依据加涅"为学习设计教学"的理论,把语文教学过程分为学习事件和教学事件两部分,注重对语文学习事件(学习的内部过程)和语文学习结果的分析,将教师授课视为语文学习的外部条件(教学事件),对学生语文认知结构和语文行为技能的改变起支持和推动作用。一切教学事件都围绕学习事件展开,避免了教学的盲目性和随意性。

(2)强调从中学生的需要出发确立教学目标并加以具体化。当代语文教学设计强调用含义明确的行为动词表述教学目标,避免使用含义模糊的行为动词,如"学习、了解、体会"等。具体的教学目标可以使学生语文学习的过程更具有操作性,也易于观察和检测。同时,它还有利于教师对学习的内部事件与外部事件进行核对。

(3)特别强调语文教学的技术性因素,注重教学环境的开发利用和教学活动的循序操作。传统语文教学设计认为教无定法,而当代语文教学设计强调语文教师自身的知识、经验与科学原理的娴熟运用。

二、中学语文教学设计的类型

任何事物的类型划分都与划分的标准有关,中学语文教学设计的类型也可从不同的标准划分出不同的类型。比如从教学内容入手,可以划分为阅读或写作教学设计;从文本特征入手,可以划分为文言文或诗歌教学设计;从教学方法入手,可以划分为讲授法或讨论法教学设计。按照教学时间和内容范围来分,有学期教学设计、模块或单元教学设计、课堂或课时教学设计。总之,由于标准的宽泛,类型也可能是无限的。这里主要讲学期教学设计、模块或单元教学设计、课堂或课时教学设计。

(一)学期教学设计

学期教学设计是教师对自己所任课程在一个学期中教学工

作的全面考虑和通盘安排,是完成课程教学目标所确定的教学内容和教学进度的实施方案。

1. 学期教学设计内容

(1)教材分析。教师首先熟悉课程标准在这一学段的教学目标,然后通览本学期教材的内容,从而确定本学期教学的基础知识、基本技能、基本情感态度培养方向,教学的重点、难点及各部分知识之间的相互关系。同时,根据目标的需要列出增删、替换、补充的篇目和阅读资料等。

(2)学生情况分析。对将要任课的班级学生以前的学习情况,包括学科成绩、学习态度、学科兴趣、学习习惯等方面的情况做个分析,为本学期合理安排教学内容,因材施教提供学情依据。

(3)本学期课程教学目标。学期教学目标一般主要参照课程标准的学期教学目标,结合教材模块教学目标、单元篇目等来确定。

(4)主要教学措施。为实现学期教学目标,要根据教学内容和学生情况确定主要的教学措施,主要包括:应该准备哪些资料,主要采用哪些教学方法,教研活动的主要课题有哪些,课外活动安排以及了解学情所采用的主要方式方法等。

(5)教学进度安排。教学进度安排是学期教学计划的重要组成部分,通常要以周为单位安排课题内容、教学时数、教学活动、作业要求等项目。

2. 学期教学设计特点

(1)计划内容项目齐全,且制订计划应在学期授课之前。

(2)教材分析知识结构清楚,能准确地把握教材的重点、难点,学生情况分析具体、透彻,有理有据,符合实际情况。

(3)教学目标要适当、明确,符合课标精神。

(4)措施要具体周到,针对性强,切实可行,使实现教学目标得到一定的保障。

(5)进度安排要合理科学,进度表填写项目要齐全,时间推算要准确。

（6）要适当空出一定的机动时间，以备在学期教学过程中出现其他未能预测的临时变动时能够适当调整计划。

（二）模块或单元教学设计

一般来说，完成一个教学模块或教学单元的教学任务需要几周或几课时的时间，因此，教学设计就要对模块或单元的目标、内容、重点、难点、课型、施教方法等进行整体规划安排。

（三）课堂或课时教学设计

课堂教学设计是为课堂教学活动制定蓝图的过程。它规定了课堂教学的方向和大致进程，是师生教学活动的依据。课堂教学设计的一个特点就是运用系统方法，分析课堂教学系统中各因素的地位和作用，使各因素得到最紧密的、最佳的组合，优化课堂教学效果。课堂教学设计既关心"教"，又关心"学"。课堂教学是教师和学生共同活动的过程，教与学是相互依存、对立统一的辩证关系。

三、中学语文教学设计的内容

中学语文学科教学设计内容包括教学目标设计、教学内容设计、教学方法设计、教学过程设计、教案编写几个方面。

（一）目标设计

教学目标是教学的起点和终点，指导和制约着教师课前设计教学的各项活动。它为教学提供方向，也为学生的学习效果提供监测标准。在日常教学中，教师对教学目标的设计要建立在对教学对象的充分了解基础之上，同时注意对教学目标的恰当表述。

（二）内容设计

与其他学科的外显教学内容相比,语文学科的教学内容是内隐于文章之中的,需要教师透过外显的语言文字,依据教学目标和学生认知水平进行选择。

学生借助语文教科书中的文本要学习的内容有四个方面:

（1）能读懂给定文本写了什么,也就是作者在文本中想要表达的意义是什么。

（2）学生对这个问题是怎么看的,产生了哪些观点和情感。

（3）学习并模仿作者是如何借助于一个民族的约定俗成的社会语言系统,运用自己独有的个性言语系统向读者传递他的情感思想的。

（4）能运用个性化言语,借助民族约定俗成的社会语言系统,表达自己的思想和情感。

（三）方法设计

教学过程中,使用不同的教学方法,会取得不同的教学效果;就是使用同一教学方法,不同教师使用,由于教学观念和水平不同,效果也会不一样。因此,选择什么样的教学方法,在某种程度上说,也体现出设计者的教学理念和水平。

教学有法,教无定法,贵在得法。一堂课的教学,不可能只用一种方法,选择什么方法,要受制于课堂教学中的多种因素,为了达成教学目标,完成教学任务,必须科学地设计和运用教学方法,要以语文教学规律和特点;语文教学目标与任务;教师素质和学生特点;教学的组织形式、时间、设备条件为依据。教学方法的优化选择必须根据教材的性质和具体教学内容的特点,不仅要辨析学习内容的类型（听、说、读、写）,还要注意到具体的学习文本。例如,说明文就不适合多用朗读法、诗歌尽量少用讲解法。

（四）过程设计

课堂教学过程设计是开展教学前的一个重要设计环节。现行的语文教学过程,不再是教师向学生传递信息的单向信息传递,而是一个立体网络结构的信息交流过程,在这个过程中,教师和学生都是课堂集体中的一员。

（五）教案编写

语文教学设计的成果形式是教案。教师把上述教学目标、教学内容、教学方法、教学过程的设想形成文字的过程,就是编写教案的过程。教案的好坏直接决定着教学效果。一般教案的要素:课题、教学目的、教学重点、教学难点、教学用具、教学时数、教学内容与过程(导语、研读、小结、练习、板书等)、教学后记。常见教案的格式有叙述式、提纲式、表格式、符号式等。

第三节　中学语文教学设计的依据、原则与步骤

一、中学语文教学设计的依据

中学语文学科教学设计是为了达成语文课程标准的语文学科教学目标,因此,必然要体现语文课程标准的要求。此外,还要了解教材、学生的学情,对文本有深入的理解和感受。

（一）语文课程标准

语文课程标准是语文教学及语文教学研究的纲领性文件。

语文课程标准一般指九年义务教育语文课程标准和普通高中语文课程标准。两个语文课程标准的总体结构是一样的,在课程性质和课程基本理念上也是一脉相承的。但是主体部分的内

容却因为学段不同有很大的差异,尤其是课程目标和实施建议部分,突出了两个学段的特殊性。这也是我们在进行语文课堂教学设计的时候,需要特别关注的地方。

（二）语文教材

不管是传统课程的教学,还是新课程的教学,总是要用教材教的。教材是教与学的凭借。教师凭借教材教学科知识、学科学习的方法,凭借教材让学生在学科学习实践过程中形成、提高学科学习能力,凭借教材培养学生的科学精神和人文素养。教材的重点、难点是教师制订教学目标的重要依据。目前,初中语文教材有：人教版（人民教育出版社）、苏教版（江苏人民出版社）、北师大版（北京师范大学出版社）等版本。这几套教材既体现新的语文课程观、语文素养观和语文教学观的共同点,又各自拥有独特的教材编排特色。教材编排特点和内容直接决定着教学设计的价值取向。

（三）学生学情

学生的学情体现的是语文学习的个体对语文课程提出的要求。它没有固定的形式,却是客观存在,不能忽视。在进行中学语文学科教学设计的时候必须体察,把它作为确定合适的教学目标的重要依据和现实基础。

（四）有效的文本解读

对语文学科来说,要精准确定目标,知道语文学科能为学生提供什么营养,教师要进行有效的文本解读。

1.有效的文本解读的内容

（1）通览全册教材,解决四个问题。第一,熟悉全书体例,各单元之间相互联系,及与其他学科的联系。第二,熟悉和掌握教材篇目在教材中的地位和作用。第三,掌握各单元双基知识点。

第四,体会编者的意图和作者的构思。

（2）精读教材。第一,确定单篇课文在一册课本和一个单元中的地位和作用。第二,确定教学目标和要求。第三,确定教学内容:明确词语的意义和句子的含义、结构,明确段意,明确中心思想,明确文章的时代背景,明确作者的写作意图和文章的现实意义。第四,根据教学目标,从教材和学生的实际出发,确定教学过程。第五,根据教学目标、内容和教材体类,选取相应的教学方法。

（3）补充教材。相关学科的内容,本学科的最新成就,乡土教材。

2. 有效的文本解读方法及操作指南

（1）有效的文本解读方法。

第一,读懂教材。

第二,深度解读。

第三,消化内容。深度解读文本之后,还需要消化,这就需要拓展阅读。

第四,力求深化。解读文本还可以通过合理的联想与想象,深解文本中的具体意象,以期有独到的发现。

（2）有效的文本解读操作指南。

第一,通读全文,关注自己感觉难理解的地方,包括词语、句子、段落、中心等。第二,自己归纳中心思想和写作特点,结合课后练习,确定重点内容。第三,参阅与重点内容分析相关的资料,确定教学内容。第四,参考别人的教学设计,结合自身和本班学生的特点确定教学方案。

中学语文教学设计依据很多,除了上面几条,还有教学设备、环境、教学资源等,它们既是教学设计中的各个要素,也可以作为语文教学设计的依据。

二、中学语文教学设计的原则

教学设计是一门科学,而作为分支的中学语文学科教学设计更是如此。要想达到语文教学设计的最优化,就必须坚持一定的原则。

（一）删繁就简，精雕细刻

再有天赋的学生,也无法将语文课堂教学的内容全部吸收,全部记住。因此,教师在教学内容上要有取舍,有挑选。

一篇课文作为原生文本,可阐述的东西很多。与之矛盾的是,课堂教学的时间实在有限。所以,语文教学就有这样一个特点:当一篇文章选入课文,除了它原生文本的价值,还必须考虑:它作为学生语文教材中课文的身份出现的意义何在? 编者编选的目的何在? 我们最应该让学生把握的核心内容何在? 教师要善于捕捉教材最想传达的核心价值。教师要认识到教师与学生在认知上是有差异的。一篇由母语写成的课文,即使再复杂,学生也总是能读出一些感受的。所以,教师对学生能够通过自主学习掌握的,就不应该再喋喋不休;学生难以理解的,教师不能语焉不详。总之,不能细大不捐、贪多求全。教师只有善于放弃,学会选择,才能在最关键之处品味、探讨、沉潜、涵泳。

语文教学设计要呈现出一种"层次感"。这种"层次感"是通过对细节的雕镂、层层深入来完成的。这种层次感的塑造得益于对细节的把控,要善于从细节中找到教学的重点和难点。

（二）讲究深度，注重布局

语文课的深度,不仅仅关系学生知识的掌握,更关系学生思维深度的开掘。长期以来,在语文教学的过程中,教学很容易流于一种表演,老师饱含激情地念着一句句华美的台词,配合着多媒体课件的演示,朗读课文时还会配有背景音乐。一节课搞得热热闹闹,激情而华丽,但让人感到空洞而造作。过分注重形式,必定导致忽视教学内涵。我们需要感性的东西去打动学生,但是也需要理性的思维去磨炼学生。为此,第一,教师要建立深刻思维的意识,遇事多想多问多探求,慢慢地养成深度思考的习惯;第二,一定要多多阅读。

注重课堂的布局,就是控制课堂的节奏。教学设计是一门关于"系统"的学问,故而是统筹的艺术。教师在备课的过程中,胸中要有对整堂课的"格局意识",放在全局之下进行统观,安排好整节课的轻重缓急、抑扬顿挫;同时,还要注意系统各部分之间的衔接和关系,要做到"张弛有度"。

（三）遵循学生的身心发展规律和语文学习规律,选择教学策略

学生生理、心理以及语言能力的发展具有阶段性特征,不同内容的教学也有各自的规律,应该根据不同学段学生的特点和不同的教学内容,采取合适的教学策略。

教学过程就是教师根据现代社会发展的需要、学生身心发展的规律和语文学科知识的逻辑顺序,指导学生进行物质生产和精神生产,以发展自身的身体素质和精神素质的过程。所以,语文课程标准把课程目标分成总目标和阶段目标。每个阶段对识字写字、口语交际、阅读教学、写作教学和综合性学习都做了重点突出、主次分明、由浅入深、螺旋上升、循序渐进的安排。

此外,语文教学设计还应遵循以下原则:面向全体学生全面提高学生的语文素养;积极倡导自主、合作和探究的学习方式;运用多元的评价形式。

三、中学语文教学设计的步骤

语文教学程序强调动态教学中学生对学习材料的个性化学习,强调学习结果的多样性。这就要求教师设计教学过程除体现

丰富性、个性与开放性,还要关注语文教学自身特点。

语文教学设计范围比较广泛,但不管是在什么范围和内容上进行设计,教师必须遵循的基本教学设计原理和程序是基本一致的。如果对教学设计的过程做一个循环的分析,其基本流程如图5-1所示。

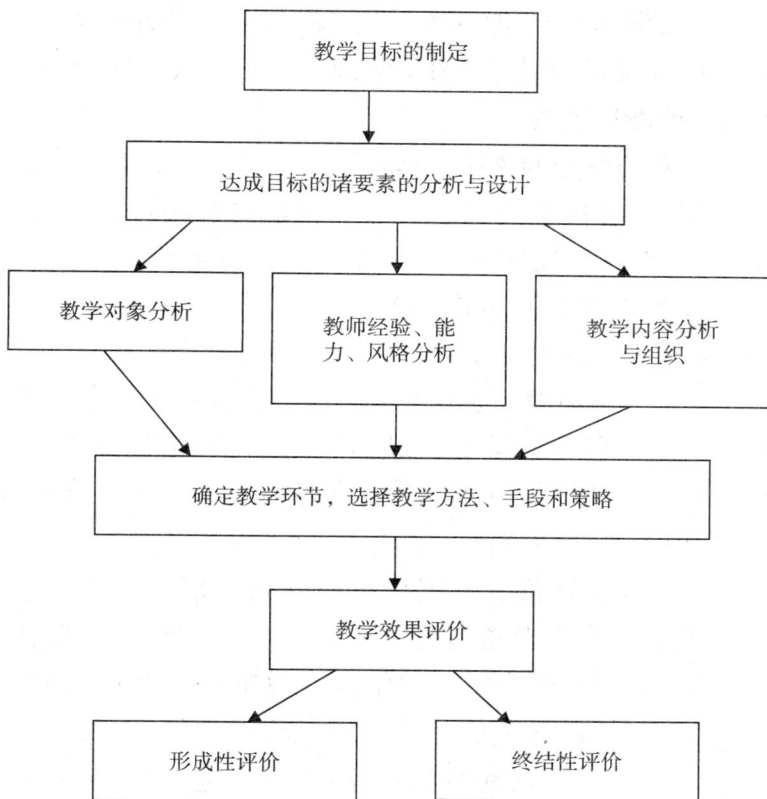

图5-1 教学设计基本流程示意图

（郝丽琴,2015）

一个完整的教学设计过程,大体分为三大步六小步。

（1）确定教学目标（我们期待学生通过本阶段学习应达到的标准）。确定教学目标的依据主要有五个方面:课程标准、单元提示、学情分析、课文主要特点、课后练习。新课程强调学生的发展,强调教学最终是为了学生的发展,因此必须准确地把握学生真实的学习状况。教学设计前进行的学情分析包括：第一，了解学生的知识准备，即已经知道了什么，如字词知识、文体知识、阅读知识、语言知识、与课文内容相关的其他学科知识。第二，了解学生的技能准备，即已经会了什么，如阅读技能、写作技能、收集处理信息的技能等。第三，了解学生的认知特点。第四，了解学生的学习要求，如学生希望老师教什么、采取什么样的教学方法等。常用的了解学情的方法有：作业批改；提问；课前谈话；联系学过的教材；诊断性测验。

（2）达成教学目标的诸要素的分析与设计，包括教学对象分析（确定学习者的起点状态），确定教学内容（通过分析教材确定），安排教学过程（教学内容活动进程的设计）。

（3）教师教学经验、风格分析。

（4）根据教学内容和学习者的特征确定教学的起点。

（5）制订教学策略，选择教学媒介。教学媒介就是教师进行教学时所采用的各种凭借手段，包括教学方法（如诵读法、合作讨论法等）和教学手段（如图片、实物、多媒体等）。教学媒介将教师、学生、教学内容紧密结合在一起。

（6）进行教学评价并根据评价所得到的信息对教学设计中的某一个或者几个环节进行修改或调整。教学评价一般分成两个阶段：第一阶段，评价学生的学业。教师能够利用提问、活动观察、态度表现等对学生的学习进行过程性评价，并及时利用评价结果对学生进行表扬和鼓励，提高学习兴趣，促进学生学习进步；能够选择题目或命题，以考查学生学习的效果。第二阶段，教学反思。教师应能够结合学科教学要求和教学目标，对课堂教学进行自我评价；根据学生的表现，分析自己的教学设计和教学实施过程的成败，并能够根据反思结果修改教学设计、改进教学策略，从而提高语文教学效果。

以上六步教学设计的过程如果从教师和学生活动的角度分析，实质就是解决三个大问题：教师要教会学生什么和学生要学会什么；教师怎么教和学生怎么学；教师教得怎样和学生学得怎样,由此也就形成起点、过程、评价三大步的设计。

以上是语文教学设计的基本步骤,其中有些步骤可以同步完成,比如分析教学内容时也可以分析学情、设定教学目标时也可以理出大致的教学思路。所以在实践中可以灵活处理,并不一定要严格按照上述顺序操作。

另外,需要指出的是,教学设计过程并不是一个简单的循环,一方面,它会根据教学诊断和评价不断进行调整和修正,从而进入新的循环;另一方面,教学设计过程中的每一个环节都是教学系统中非常重要的构成要素,相互间存在着密切的联系。

第四节　中学语文教学设计有效性的影响因素

有效的教学是指教师在遵循教学活动的客观规律下,以尽可能少的时间、精力和物力投入,取得尽可能多的教学效果,为了满足社会和个人的教育价值需求而组织实施的活动。教学的有效性是教学的生命,有效教学的核心就在于"效益"。教学效益产生的主体——教师和学生,在教学中是至关重要的。除此之外,教学的媒介教材也是影响教学有效性的关键性因素。

一、课堂的主体——学生因素

教师的任何设计,都因有了学生才能变为真正的教学实践。在整个语文教学活动中,学生应该是一个积极主动的参与者,而不是一个被动的服从者。故而在进行教学设计时,学生这个因素要被充分地考虑进去。

要想教育学生,必须了解学生。教师必须始终有一个观念,教是为学服务的,这就要求教师换位思考。在教学设计的时候首先要想到的就是学情。所谓"学情",就是学生学习的相关情况。成功的教学设计,必须建立在对每个学生情况的了解之上。

语文教育最终的指向是人的发展。语文教育关心的不应该仅仅是分数,更应该关心学生的个体生命成长。无论是语文知识的习得,还是文化底蕴的积淀,乃至于最后人文素养的提升,从学生一生的发展来讲,这些东西比分数更重要。语文课程的设计,一定要有立足学生发展的长远眼光。

要关注层次、关注个体的差异。班级教学要有层次,对于语文能力强的学生,要着眼于对他们语文素养的拔高和境界的提升,帮助他们进行更多的课外拓展,指导其大量阅读;对于中等的学生,要打牢他们的基础,促使他们向着更高水平迈进;对于语文基础差的学生,则要进行积极的基础训练指导。此外,还要根据他们的性格进行指导。

二、课堂的主导——教师因素

主体性教学重视发挥学生的主体作用,但绝不能贬低和排斥教师的主导作用,课堂的主导永远是教师。这个"主导"指的不是教师独断专行,搞"一言堂",而是要强调教师在教学中循循善诱的引导者身份。学生是学习的主体,但同时也是发展中的主体。在教学中,教师掌握的理论知识、技术技能、教法手段,对课程标准和教材的理解和掌握,都要优于学生,在教学过程中起着主持和主导作用。今天倡导的教学,既不是以教师为中心的被动接受式,也不是以学生为中心的完全发现式,而是在教师指导下的主动探究式。

三、课堂的依托——教材因素

对于语文教学而言,文本的作者是不会"死"的,文本也不可能被任意阐释、随便发挥。今天基础教育的语文教学中,我们提倡,既要尊重文本,又要尊重作者。

(1)熟悉文本,热爱文本。熟悉文本主要指的是,教师要对自己所讲解的内容了然于胸。在熟悉的基础之上,教师还要热爱文本,教师的情感对学生是一种带动和感染。那些人尽皆知、感人至深的文章,教师一看就激动不已,一读就朗朗上口,这样的课相对好讲,学生也爱学,但也并非所有的课文都这样,不同课文承载着不同的使命。教师如何唤醒自己对那些看似枯燥无味的文章的热爱,并以这种热爱去打动学生,这才是教师最应该去做的。

（2）多角度深层解读文本。阅读是一种读者与文本(潜在的作者)之间的对话活动,读者是阅读的核心,是解释文本的权威。面对文本,我们应该以不同的视角尝试着去了解、去接纳、去审视,力争做到多角度交流,全方位把握。

（3）对文本的整合与拓展。教师要明确教材的作用。教材的作用,主要有三点:积累、示例和引发。"积累"是指学生语言知识、文学常识、文化常识的不断沉淀;"示例"是在语言表达、艺术手法、创作特色、精神内涵、文化情感等方面提供范例;"引发"是以该文本为出发点,由此而产生的思考、关联、创造与拓展。对教材的创造和拓展可以从师生两个角度来理解:从教师的角度,可以对现有的教材进行取舍和增添,也可以对教材进行加工和再创造;从学生的角度,可以对教材文本的任何内容提出合理的质疑,可以进行多方的对比阅读,或针对文章中的空白点合理地发挥。

以上三个因素是影响教学设计有效性的最关键因素,但它们不是独立起作用的,它们彼此渗透、交叉,综合起作用。

第六章　中学语文知识教学及其设计探究

　　知识是人类生存和发展的智力工具。人类的教育是通过知识来进行的,对知识的理解、选择和组织,是课程和教育教学活动的重要前提。对于教学实践而言,无论什么时候,扎实的知识功底、广博的知识视野、合理的知识结构和良好的知识素养,都是不可忽视的目标。语文知识指人们在长期语言实践中积累、沉淀下来的,经过人们精心研究、总结出来的,语文知识教学的根本目的并不在于满足学生掌握这些"知识",而是要借助这些知识,帮助学生形成语文的"基本能力"。本章就中学语文知识教学及其设计展开探讨。

第一节　中学语文知识教学的地位与意义

一、中学语文知识教学的地位

　　语文学科是一门基础学科,既有极强的人文性,又有极强的工具性,这一特点决定了作为基础中的基础的语文知识教学具有十分重要的地位。古代语文教育没有细分出语文知识来单独讲解,而是将它分散到范文教学之中进行"点评"。古代教育为少数人服务,而不是着眼于提高全民素质来推动社会生产力的发展,因而教育效率远远低于现代教育的要求。现代语文教育将语文知识单列出来讲授,但这些知识本身没有达到科学化、系统化,因而满足于灌输这些静态知识的语文知识教学也显得苍白无力。

事实上,语文知识教学的根本目的不是满足于学生掌握这些"知识",而是要借助这些知识,形成语文的"基本能力"。传统语文教育,要么没有知识教学,要么仅仅是陈述性知识教学,都不能有效地促进学生形成语文能力。只有同时加强程序性知识教学,才能有效地促进学生将静态的知识转化为动态的能力。

语文知识是语文科内容的一个组成部分。近年来,中学语文知识多半都编在阅读课本之中。它虽然被阅读课文间隔开,形成穿插分布的格局,却是于听、说、读、写能力教学之外的自成体系的部分,为语文能力的培养和智力的发展所必需。所以从语文科的整体看,以及它同语文能力的关系看,它是从属性的。但从它的自成体系看,又具有一定的独立性。

语文知识教学虽处于从属地位,但对学生正确理解和运用祖国的语言文字起着重要的作用。语文教学实践证明:学生语文能力大多是随着语文知识的学习而逐渐发展的。中学语文教学大纲强调,语文课应该把语文能力训练放在重要的地位,而能力的训练是取法于语文知识,依托于课文,贯穿于教学始终的。对语文知识的教学,我们不能过于强调它,也不能轻视它,怀疑它的作用。如果过于强调它,过于崇信语文知识对于提高语文能力的作用,以为增强语文科的知识性是语文科科学化的唯一正确的选择,以知识统辖能力,就颠倒了知识和能力的关系,使语文知识凌驾于读、写、听、说之上。但是如果轻视它,以为语文知识特别是语法知识和逻辑知识学不学都不会影响读、写、听、说,那也是错误的。因为学习读、写、听、说,虽不一定以语文知识为前提,但有了它,可使读、写、听、说更自觉,进程也更快。国家要求播音员"字正腔圆,持证上岗",现实生活也呼唤我们提高口头交际能力,呼唤书面语言的规范,呼唤语言文字应用能力的提高。

二、中学语文知识教学的意义

综合起来,语文知识的教学有如下的意义。

（一）语文知识是中学生形成语文能力和发展智力的坚实基础

语文知识是关于字词句篇，修辞、逻辑、文学等基础知识的规律的认识，它既是在阅读教学、作文教学的基础上对语文知识的概括和总结，又对培养中学生各种语文能力起着指导、促进的作用。课内外的各种听说读写训练，其实都是语文基础知识的学习和实践运用。而语文基础知识，其实就是语文规律的科学概括和语文学习方法的科学总结。中学生掌握了这些规律，才能迅速提高语文能力。教好语文知识，对于形成中学生的语文知识结构，促进中学生思维能力的发展，也有着重要意义。教师精心传授这些基础知识，中学生才有可能完成知识向能力的转化，逐步练就语文学习的基本功。实际上，语文能力的形成、思维的发展与语文知识的掌握是同步进行的，二者共同构成语文"双基"教学过程，贯穿于语文教学的全过程中。学生的语文能力大多是随着语文知识的学习而逐步发展的。语文能力的训练，在一定意义上讲也是语文知识运用的训练。

（二）语文知识教学促进中学生阅读和写作的整体化水平提高

阅读教学，大都是以单篇文章为单位进行教学的。每篇文章的教学不可能把所有语文知识都讲到，只能抓住每篇文章的个性特点让中学生领会，而这些讲授都是偏于对语文知识的局部的、感性的认识。而语文知识短文正是在阅读教学的基础上，在大量的感性认识的基础上的理性认识的提高和升华。语文知识短文所阐述的内容，是各单篇文章特殊性中所包含的共性的、本质的、规律性的知识。而语文知识短文和阅读课文配合教学，有利于中学生整体上把握语文知识体系。同时必然反过来又指导、促进阅读教学，加深中学生对课文的理解和掌握。作文，是多方面语文知识的综合应用。对中学生来说，这种运用大都带有盲目性、偶然性。语文知识短文的教学，有助于学生克服盲目性，增强自觉性,提高写作水平。

（三）语文知识教学促进中学生智力的发展

教育心理学的研究表明,掌握知识是发展智力的基本条件。智力的进一步发展,又总是在发现知识、学习知识、运用知识解决实践问题的过程中逐步实现的。就语文基础知识来讲,就有记忆性知识、再认性知识、再现性知识、运用性知识、创造性知识等。中学生在教师指导下掌握语文知识的过程中,其记忆力、观察力、联想力与想象力等智力素质,都会得到相应的锻炼与发展。

（四）语文知识教学为中学生今后的学习和工作打下基础

语文基础知识具有一定的稳定性,能产生语文能力的迁移作用。中学生掌握了一定的语文基础知识,就具备了一项基本能力,即听、说、读、写等语文能力。中学生走向社会,就可以在学习、工作中,不断地运用这些能力,对于促进学习和工作,起到不可估量的作用。中学生在理解课文时,和文学评论者评论作品时所进行的思考,性质相同而程度和范围却不同。中学生只能依靠他的基础知识和能力去把握课文,文学评论者则能利用专门知识去评价作品,而他的专门知识却是由基础知识发展起来的。

此外,语文知识的教学过程,也是对中学生进行思维训练的过程,对中学生思维能力的提高大有裨益。特别是在今后的工作、学习和生活中,不断地指导语言实践,使语文知识转化为能力,终身受益。

第二节　中学语文知识教学的内容分析与构建

一、中学语文知识教学的内容分析

（一）《语文教学大纲》和《语文课程标准》对语文知识教学的要求

1. 初中《语文教学大纲》中关于语文知识教学的要求

1992 年的初中《语文教学大纲》在第二部分"教学要求"中对"基础知识"的内容是这样规定的："了解一些必要的语法修辞知识、文学知识、文体知识和读写听说知识。"在第三部分"教学内容"中对"基础知识"规定了"汉语知识""文体知识""文学知识"三大类共 13 项。

2000 年的初中《语文教学大纲》在"教学内容和要求"中对"语文常识"内容的规定，包括语法、修辞、文学和文体的知识四类。在"教学中要重视的问题"中，提出"要加强综合，简化头绪，突出重点，注重知识之间、能力之间以及知识、能力、情意之间的联系，重视积累、感悟、熏陶和培养语感"。在"教学评估"中，特别强调了"语法修辞和文体常识不列入考试范围"。

2.《语文课程标准》中关于语文知识教学的要求

2001 年颁布的《语文课程标准》在"课程的基本理念"中谈道："语文是实践性很强的课程，应着重培养学生的语文实践能力……不宜刻意追求语文知识的系统和完整"。在第四学段（7—9 年级）的"教学目标"中，在"阅读"一项有三条涉及语文知识的教学。具体内容："（6）在阅读中了解叙述、描写、说明、议论、抒情等表达方式。（7）了解诗歌、散文、小说、戏剧等文学样式。（13）了解基本的语法知识，用来帮助理解课文中的语言难点；

了解常用的修辞方法,体会它们在课文中的表达效果。了解课文涉及的重要作家作品知识和文化常识。"在"实施建议"部分,提出"在阅读教学中,为了帮助理解课文,可以引导学生随文学习必要的语法和修辞知识,但不必进行系统、集中的语法修辞知识教学"。至于语法修辞知识要点,是以"附录"的形式排在"课程标准"最后的。具体内容是:词的分类,短语的结构,单句的成分,复句(限于二重)的类型,常见修辞格。

　　从1992年的"教学大纲"到2001年的"课程标准",对"语文知识"教学的阐述有两点明显的变化。第一,语文知识教学的内容在"淡化"。第二,语文知识内容涵盖的范围小了。第三,语文知识教学理念的明确化。特别是《课程标准》,从教学目标的三个维度出发,对于语文知识教学,提出要"注重情感态度、知识能力之间的联系";要"随文学习"必要的语法、修辞知识,目的是帮助中学生"理解"和"体会"课文,并运用于写作。

（二）几套教材对语文知识的体现

　　1. 与《语文教学大纲》相配的教材

　　（1）人民教育出版社初中《语文》(1995)。语文知识主要是按三条线索安排。一是在多数单元之中安排一至二篇短文介绍语言知识。二是在每单元之后结合作文训练、听说训练介绍文体知识和听说知识。三是每册教材之后编有附录,相对集中地介绍一些语文知识的专题。

　　（2）北京出版社、开明出版社初中《语文》(1995)。语文知识主要是按三条线索安排。一是在每个单元之首的"单元提示"中有所涉及。二是在每单元之后的"基础知识与能力训练"中进行介绍。三是在每册教材之后编有附录,相对集中地介绍一两个专题。

　　（3）北京大学出版社初中《语文》(1998)。语文知识主要是按三条线索安排。一是每个单元之首"训练重点"中包含一或两篇知识短文。二是每个单元之后有知识短文,介绍汉语方面、文体方面以及语言交际方面的知识。三是在每册教材后编有附录,相对集中地介绍一两个语文知识的专题。

（4）四川教育出版社初中《语文》（1997）。把语文知识编为正式课文,纳入"必学课文"之中,每册四篇左右。

以上四套初中教材中语文知识的体现虽各不相同,编者也都有自己的编排考虑,但在内容上基本均在《语文教学大纲》规定的范围之内。

2. 与《语文课程标准》相配的教材

（1）人民教育出版社初中《语文》（2001）。语文知识主要按两条线索安排。一是语汇、语法知识主要采用补白短文的形式,分散安排在每册课本单元课文后的空白处（也不排除个别以练习的形式出现）。二是修辞知识,主要安排在一至四册课后练习中。

（2）江苏教育出版社初中《语文》（2001）。语文知识按四条线索来安排。一是修辞、语词知识,分散安排在各册后的练习中。二是语法知识,主要是以"附录"的形式列表加以安排的。三是指导写作的知识,大体按写作的一般过程和各种文体的写作,安排在各单元之后。四是指导口语交际的知识,也是比较有系统地安排在若干单元之后的。

按照新的《语文课程标准》编写的这两套教材,与以前的教材相比,知识点是大大减少,负担大大减轻。这对于教与学双方来说,有利于摆脱过去烦琐的练习,从而把注意力集中到按照语文教学的三个维度的目标,全面提高学生的语文素养上去。

总的来看,经过多年的实践与探索,中学语文知识教学在不断地发展前进。

二、中学语文知识教学的内容构建

（一）构建语文知识体系的几点认识

1. 以现代教育理论为指导，明确初中语文教学中的知识观

（1）区别陈述性知识和程序性知识。以往语文教学中对"知识"这一重要概念的理解往往局限于模糊的常识性水平。现代教育学和心理学的研究认为，能力的形成和发展是知识高度概括化、结构化、条件化以及广泛迁移的结果。从学习心理学考虑，知识可以分为陈述性知识和程序性知识这两大类。目前的中学语文知识教学中大部分是陈述性知识，对程序性知识不够重视。而程序性知识恰恰是使知识学习与指导实际应用紧密联系的桥梁和纽带。因此，我们应该特别需要明确指导在听说读写活动中做什么、怎样做的程序性知识。

（2）突出语文程序性知识对听说读写的指导。对此，吕叔湘先生、张志公先生早就有所强调。吕先生指出："读和写也都需要指导，那就有个知识问题。""决不能说明语文知识对培养学生的读写能力无用。"（李行健等，1995）吕先生这里所说的指导读写的知识实际上主要是属程序性知识。张志公先生在1985年就提出创建和语文能力训练密切结合的实际应用语言的知识系统。他在《关于改革语文课程、语文教材、语文教学的一些初步设想》一文中指出，中学语文课"应该是以知识为先导以实践为主体并以实践能力的养成为依归的课。"这种为先导的知识是指实际应用语言的知识系统，而不是纯粹的语言理论的知识系统。综合吕先生、张先生的精辟见解和现代教育学、认知心理学的理论观点，在中学语文知识教学中提出陈述性知识和程序性知识的分类，突出语文程序性知识对听说读写活动的指导和对语文能力形成的重要作用是十分必要的。

2. 建构适应初中语文教学总体目标要求的应用性的知识系统

（1）区别"语言"和"言语"。语言指的是由语音、语汇、语法组成的符号系统，言语指的是对这一符号系统的具体运用。语文教学应该属于言语教育的范畴，它是为培养学生实用的言语交际能力服务的。

（2）构建一体化的语文知识体系。应该建构一体化的语文知识体系，使中学阶段语文知识的各组成要素分别按不同的类型或层次进行整合，使其成为具有内在联系的整体。

（3）明确每个学期、每个年级语文知识教学的层级目标。

（二）语文知识内容的构成

1. 社会的语言／言语规律

（1）语言规律。在基础教育阶段，语文课程中的汉语拼音方案、异读词表、异体字表、汉语词汇和短语的构成、单句和复句的基本类型等，就是汉语最基本的规律，是对中学生语言规范化的最基本的要求。为此，语文课程标准对各个学段都提出了不同的教学要求。

（2）言语规律。言语规律是人们为了一定的目的，在一定的语境中使用语言的规律。可以说，语文教学旨在用他人成熟的、典范的言语成品去指导学生的言语实践，引导他们的言语从不规范走向规范，从幼稚走向成熟。

2. 他人的言语经验

语文教科书中编选了许多古今中外优秀的、不朽的传世之作。这些内容自身就是一种文化形态，就是一种知识。中学语文知识教学强调从大量范文中提取出他人的言语经验。这些言语经验与中学生的现实生活与认识体验距离较近，有益于学生阅读和写作供学生借鉴和模仿。

3. 个体的言语规则

语文课程和教学的最终落脚点是提高中学生的言语能力和养成中学生良好的言语习惯。因此,培养中学生符合言语客观法则的行为方式,就是语文教学的主要目的之一;关于个体在听、说、读、写、思等方面的言语行为规则,就必然成为语文课程的重要知识内容。具体而言,个体的言语规则包括阅读行为规则、写作行为规则、口语交际行为规则。

综上所述,我们不难看出,语文课程的知识内容正从单一的静态的语言规律,向多重的动态的言语规律延伸;从一般的读解范文,向从范文中抽取有益的言语经验提升;从一般的语言练习,向掌握多种语文学习的基本方法深化。这种变化不仅极大地丰富了语文课程与教学的知识内容,而且必将促进语文课程知识类型的转化。

第三节　中学语文知识教学的设计

语文知识及其教学是当今我国语文课程教学改革的一个争议很大的问题。2001 年颁布的《全日制义务教育语文课程标准(实验稿)》提出"不宜刻意追求语文知识的系统和完整",并取消了原来教学大纲中占有重要位置的"基础知识"项目,关于语文知识问题的讨论风生水起。这场争论从一开始的"要不要语文知识",逐渐到"要什么样的语文知识(构建新的语文知识体系)"以及"如何进行语文知识的教学"等问题上来。无论如何,中学语文知识教学的设计过程中,需要遵循一定的原则,并要讲究一定的方法。

一、中学语文知识的教学原则

中学语文知识的教学,应遵循以下几个原则。

（一）科学性原则

语文知识是科学知识,科学知识必定用名词术语来表达。从什么是文字开始,都少不了名词术语,到语法部分更多、更严密。没有它们,含义就表达不清,性质就阐述不透。在语文学科中,语文知识部分,是科学性最强的部分,也是名词术语较集中的部分。这就要求教师做到:第一,使用名词术语应和大纲、教科书相一致(需要区别或易于混同时,可同时告诉学生相同相似的称谓)。可以用其他名词术语解释,但不能代替。第二,对名词术语含义的解释要准确无误。可以在严格周密的定义之外,用通俗易懂的词语做解释,甚至可以使用比喻,但都不能影响其科学上的准确程度。

（二）趣味性原则

中学生普遍感到语文知识单调枯燥,特别是语法知识和逻辑知识。这有知识本身的问题,也有编写者对知识的表达方法问题,同时也有教师的问题。单从教学方法方面来说,教师应意识到:第一,趣味化的根本方法,是使中学生感到切实有用;第二,用生动有趣的实例去说明知识的定义,用感性去补充理性认识是不可缺少的方法。

（三）精要致用的原则

精要,指的是语文知识内容的选择要少而精,符合中学生的年龄特点和接受程度。语文知识内容丰富,项目繁多,中学生学习的时间有限,接受能力也有限,需要学习最基本的知识,掌握最基本的规律。语文课程的知识涉及的学科领域很广,但在编制语文课程时,应该选择最基本、最重要的内容,选择最实用、最管用的项目,选择最需要学、最容易学的内容。应针对中学生运用语言的实际情况,抓住关键,突出重点,从基本的常用的项目中选择要点,把最紧要的知识教给中学生。切忌讲解尚在研究探讨的问题,或重复中学生已掌握的项目,避免贪多求全,任意加深加宽,名词术语一大堆,致使中学生食而不化,产生厌烦心理。

致用,指的是语文知识的教学应该便于中学生在言语实践中操作和运用。学习语文知识的目的在于应用,在于指导听说读写的语文实践活动。为表情达意服务,学习语音和知识,要求熟练地掌握汉语拼音方案,主要目的是为了说好普通话;学习词汇的基础知识,就是要丰富中学生的词汇,准确地理解词义,注意词语的感情色彩,做到用词规范化;学习语法知识,就是要掌握现代汉语各级语言单位的语法特点和组合规律,运用到听、说、读、写的实践活动中去,学会正确地用词造句;学习汉字的基础知识是为了不断扩大识字量,正确地掌握汉字的音、形、义,避免写错别字;学习修辞知识是为了提高中学生选用词语的句子的能力,提高他们语言修养的水平;学习古汉语基础知识,其目的在于提高学生阅读浅易文言文的水平,正确地理解文义,并加快阅读速度;学习常用文体的读写知识,目的在于掌握各种常用文体的适用范围、特点和文章构成规律。教学内容的安排要结合实用,既考虑中学生在校时语文学习的需要,又考虑今后工作与学习的需要。要使语文知识教学有用,一是教学目标要明确服务于听、说、读、写能力的提高;二是教学内容要切合实用,不过分强调知识的系统;三是教学方法要做到学用结合。"有用"是语文知识教学成败的关键,要尽力使学得的知识精化为熟练的技能技巧,以使学生受用终身。

（四）综合实践的原则

学习语文知识的目的是为了指导中学生的言语实践;而个体的言语实践永远是具有综合性的。我们不能设想有只涉及语音,而不涉及意义的言语;不可能有只说出一个个词语,而不涉及句段的有效言语。在言语交际中,听话与说话也是统一的过程,阅读与写作也是互相关联的。因此,有关指导形成言语技能的知识,总是一个综合统一体,其中包括知识与技能综合,听说读写各种言语活动的综合,言语能力与思维能力的综合,语文知识与其他学科的综合,言语活动与社会生活的综合,语文知识与情感态度和价值观念的综合等。

传统语文知识教育的最大误区是知识游离实践,成为实践的附属物或实践的结果。新课程要求向学生的生活世界回归,将排除在语文知识之外的迷失的主体——实践着的人找回来。让学生用自己的生命体验浸润文本,同作者的生活经验交融,让自己的经验穿透他人的经验,使得语文知识的了解和建构过程称为自我声明体验的激荡和跳动过程。

（五）注重言语情境的原则

《语文课程标准》在"教学建议"部分明确提出,要"引导学生随文学习必要的语法和修辞知识",脱胎换骨其用意是强调"不必进行系统、集中的语法修辞知识学习",也不要脱离语境去讲语法修辞,而要在一定的言语情境中来学习这些知识。当代语文知识强调语文知识的情境性、具体性、个体性,因而语文知识的教学适于"随文学习"——在具体的语言环境中体会语言运用的规律、技巧和艺术。纵使语法知识和修辞技巧、写作方法,也不要脱离语境、语篇进行,要在一定的言语情境中来学习这些知识。要注意,应根据教学目标的要求决定取舍,在疑难处学习,在精彩处学习。如果没有现成的语言环境,就要进行语境创设。运用这一原则,一定要做到心中有数,不能碰上什么教什么。要注意整体规划,避免随意性。

二、中学语文知识教学方法设计

有效的语文知识教学,依赖于教师的语文知识水平,也依赖于教师的教学方法。在中学生多半不喜欢学的情况下,教学方法就更显得重要。不同类型的知识采用不同的教学方法。

（一）基于认知心理学的语文知识教学方法

基于认知心理学的语文知识,可分为陈述性知识、程序性知识、策略性知识,各有不同的教学方法。

1. 陈述性知识的教学方法

语文课程中的陈述性知识是以概念和命题的形式出现的。这类知识的教学主要以有意义的接受学习为主:第一,对于记忆性的语文知识,主要采用识记法。第二,对于理解性的语文知识,教师重点应帮助中学生理解、激活学生原有的知识,然后通过提供"现行组织者""事件的概况结构"及例子等,帮助中学生理解新的知识。第三,对于体验性的语文知识,根据这类知识的基本性质,使中学生处于认识对象的体验情景中,想方设法引导中学生,帮助中学生寻找情感的共鸣点。

2. 程序性知识的教学

语文程序性知识的教学,主要是使学生获得应用概念、规则、原理办事和解决问题的能力。对于动作技能的获得,首先要让中学生掌握动作规则,然后通过大量的练习逐渐形成动作技能。对于智慧技能的获得,让中学生理解了概念和规则并能用语言陈述其内容后,更重要的是应用。对于策略性知识的获得,要特别重视中学生的感悟和反省。对此,教师尤其要注重过程的指导和方法上的点拨,如作文中的"构思—起草—修改—修订—发布"这一过程写作法,教师就应该依照每个步骤反复训练,让学生熟练掌握其程序、要领,进而形成一种习惯,变成写作能力。

3. 策略性知识的教学

策略性知识的教学首先要应用陈述性知识、程序性知识的教学策略。教师教给中学生一种学习策略,要先让中学生了解学习策略的结构、要素、步骤和程序。策略性知识的学习是螺旋式上升的,需要一定的时间,因此教师所提供的训练内容以及制定的目标应符合中学生现有的知识和能力状况。每次只教少量策略的效果较好。在教策略的同时要教中学生进行自我监控,让中学生知道何时、何处应用这个策略。同时,应坚持长期策略教学,要注意维持中学生学习策略的动机,需要使中学生明白,优良的成绩常常是应用正确的策略的结果。

（二）基于显性知识和隐性知识分类的语文知识教学方法

对于显性知识,一般采用讲授、分析、演练、强化、迁移的方式进行。对于概念可参照陈述性知识的教学步骤;对于过程和方法知识宜采用操作性知识的教学方法;策略性知识教学同理。

对于隐性语文知识,应尽量将隐性知识显性化、符号化,使它具有中学生容易接受的形式,并和课本显性知识有机整合起来。隐性知识强调实践、操作及自主探索行为,强调从做中学,实现隐性知识向显性知识的转化。在这个过程中教师需要提供类比、隐喻、模仿、情境体验、合作实践等手段。

（三）基于经验知识和理性知识的教学方法

基于经验知识的教学方法,即经验式的教学,就是教师以自己的经验来带动中学生的经验,这是一种感悟式的、体验式的教学,是教师以经验累积、顿悟发现的方式帮助中学生"暗中摸索"和形成语言的直觉经验和能力。比如,语文中的"语感教学法",就强调以培养"语感"为中心,通过积累熏陶、品味涵泳、直观感悟方式,形成一种直觉化的语言感受和表达能力。

基于理性知识的教学方法,即理性式的教学,以明确的知识为引导,教师运用知识工具(语识)充分发挥理性知识的指导作用,以"明里探讨"的方式,让学生掌握语言学习的概念、原理、法则、技巧,掌握语言运行的规律,以提高教学效果。

（四）基于建构主义的语文知识教学方法

新课标更加关注个人语文知识的建构,因此在语文教学方面应该从以下方面入手:第一,情境创设,语文知识教学需要有一种情境性思维,一种过程性思维。第二,经验穿透,新课程要求向学生的生活世界回归,将排除在语文知识之外的迷失的主体实践着的人找回来。第三,对话互动,通过创设情境引发师生之间的对话性交互作用。

此外,语文课程中还有大量人文知识的教学。人文知识虽一般不归入语文知识的范畴,但它是语文教学的重要内容。人文知识的教学需要一种真诚、自由的教学氛围。在这种氛围中,中学生才能够撕破日常生活中的伪装面具,审视和检查自己已有的生活经验,逼视和拷问自己的心灵世界。人文知识的教学还需要一个宽松、开放的思考空间。在这个空间里,中学生才能毫无畏惧地反省、体验和表达自己的所思与所得。

总之,语文知识教学,要求克服主观注入式,抛弃刻板教条式,代之以思考的应用的方法。这就需要教师多提问,引导学生思考、质疑、求解,多布置练习,使中学生操作、应用。

三、语文知识教学的程序

一篇语文知识短文的教学程序,可分为以下三个阶段。

第一阶段,导入学习。可默读课文全文,使中学生了解内容要点,明确学习的课题。同时注意和之前的知识短文学习的衔接。

第二阶段,理解学习。就课文内容重点提出理解性问题,联系阅读课文和作文实例进行思考。可以采取适当讲解、提问、举例、图解等方法,必要时组织讨论。

　　第三阶段,应用练习。指导中学生联系自己的听、说、读、写实际进行练习,即在自己的语言环境中练习,使知识转化为能力,使中学生产生学习的必要感、紧迫感。练习的量不宜多,但要经常,主要是理解性的练习,但也要有必要而适当的记忆。

第七章　中学语文阅读教学及其设计探究

在中学语文教学中,阅读和写作有着密切的关系,阅读是写作的基础。但是,阅读不完全是为了写,其主要目的是培养学生阅读的实际能力,以提高学问,增长才干。对于中学生而言,阅读是他们创造性地、主动地走进文本,获取信息,探索世界的过程。阅读教学不同于一般的个体阅读,它是在一定的教育场所内开展的,在教师有计划、有步骤的指引下,以学生为主体的集体性活动。本章就中学语文阅读教学及设计进行研究。

第一节　中学语文阅读教学的性质、地位与目标

一、中学语文阅读教学的性质

（一）阅读活动的性质

阅读是人类社会的一项重要活动,这项活动是随文字的产生而产生的。正是由于有了文字的存在,人们才可以把语言的声音信息转化为视觉信息,并把它长期保持下来。这样就突破了语言在时间上和空间上的限制,使人类社会所积累起来的经验能够系统地保留和传播。在现代社会中,不仅学生的学习离不开阅读活动,社会生活的各个方面也都离不开阅读活动。

阅读活动的性质可从以下几方面理解。

（1）阅读是以书面材料为中介的特殊的交际过程。它是作为

一种特殊的交际方式而存在的社会现象,作者—文本—读者是构成这个过程的三个基本要素。在这个过程中,读者不仅要透过文本去发现、理解作者要表现的世界,而且要通过与作者在情感、理智上的对话与交流,实现意义的生成及主体自我的创造与重构。

（2）阅读是读者从书面语言符号中获取意义的认知过程。通过阅读,读者可以把外部的语言信息转化为内部的语言信息,将文本所蕴含的思想转变为自己的思想,从而不断地丰富和完善自己的认知结构。

（3）阅读是人类社会的一种言语实践行为。它是主体感受、理解文本、建构与创造意义的过程。

（4）阅读是一种复杂的心智活动过程。在阅读活动中,读者先要运用视觉感知文字符号,然后通过分析、综合、概括、判断、推理等思维活动对感知的材料进行加工,把经过理解、鉴别、重构的内容融入原有的认知结构之中,而且这种思维活动要贯穿阅读过程的始终,必须凭借全部的心智活动及特定的智力技能才能完成。

（二）语文阅读教学的性质

阅读教学,俗称"讲读教学"。它是学生在教师的引导下,通过书面文字符号去理解文章的语言形式与思想内容的特殊的认知过程。阅读教学是中学语文教学的基础。中学语文教学中的语文素养增强、思维能力训练、写作水平提高等都离不开阅读教学。课堂上,师生面对的是教科书,而它是文选式的,是由一篇篇文质兼美的文章构成的,这就为师生阅读提供了条件。作为中学生学习语文基础知识、获取语文能力的主要途径,语文阅读教学既是学生感知、理解和运用语言的实践过程,也是复杂的多层面的综合分析、判断、推理的心智活动过程。其重点虽然是培养和发展学生的阅读能力,但同时它又将其他方面的语文素养的培养与思维能力、思维品质的培养,以及思想品德的教育融于其中。阅读教学活动的基本出发点是要使学生读懂和会读课文,但其活动的形式又绝非局限于"读"本身,它是学生、教师、文本之间对话的过程,是由师生同步活动、多向交流、相互影响、相互作用、共同发展的多层次的动态流程。从活动内容看,它要以教材为凭借,进行感知、理解、运用语言的训练,而这种训练又明显带有心智活动的特征。

二、中学语文阅读教学的地位

阅读是一种复杂的智能活动,在工作、学习以及日常生活中,要读懂文件、报刊、资料、教材、论著、文学作品以及说明书、书信,都需要一定的阅读能力。在现代信息高度发达的社会里,人们接受信息主要依赖于视觉,但事实上,人们传递信息,在许多场合主要还是依靠阅读符号来进行的,储存和传播知识的主要手段仍然是书面语言,人们获取知识的重要途径仍然是阅读。可以断定,随着科学文化的发展,阅读的地位越来越重要,正如联合国教科文组织一份文件所预言:明天的文盲将不是不识字的人,而是那种不会阅读、不具备阅读能力的人。而语文阅读教学的基本任务正是要培养学生的阅读能力,以适应社会对阅读的要求。阅读教学在中学语文教学中处于十分重要的地位,它直接关系着中学语文教育的目标的实现,决定着中学语文教学的成败优劣。还须看到的是,阅读积累是构建语文能力的基础,学生写作能力、听话能力和说话能力的培养都主要通过阅读教学这一重要途径来进行。

三、中学语文阅读教学的目标

中学语文阅读教学的目标主要有以下几个。

（一）培养阅读兴趣和习惯

1. 培养阅读兴趣

阅读兴趣是指阅读主体（读者）对于阅读客体（读物）的喜好。培养中学生的阅读兴趣,帮助中学生形成持久不衰的内在动机,是阅读教学的一项重要任务。"兴趣是最好的老师",对阅读有兴趣,就为学生持续阅读和提高阅读能力提供了重要的内因。许多著名的教育家,都非常注重学习兴趣的培养,如孔子就说过:"知之者不如好之者,好之者不如乐之者。"朱熹也曾指出:"教人未见意趣,必不乐学。"《义务教育语文课程标准(2011 年版)》明确要求:阅读教学"要重视培养学生广泛的阅读兴趣,扩大阅读面,增加阅读量,提高阅读品位。提倡少做题,多读书,好读书,读好书,读整本的书。关注学生通过多种媒介的阅读鼓励学生自主选择优秀的阅读材料"。阅读兴趣包括广泛的兴趣、是专一的兴趣、稳定的兴趣、高雅的兴趣、新奇的兴趣。

2. 培养阅读习惯

阅读习惯是指在阅读活动中由多次重复而达到的带有稳定特点的自动化的阅读思维或阅读行动方式。良好的阅读习惯有利于中学生高效地阅读,使中学生终身受益。阅读习惯包括以下几点:一是喜欢阅读,经常读书的习惯。二是读书用脑的习惯。主要指读书能积极主动动脑筋思考,能够提出问题,在阅读过程中具有自觉分析问题、归纳要点、提炼主旨、评价赏析的习惯。三是读书用笔的习惯。主要指在阅读过程会主动动笔,具有摘录要点、圈画要点、批注观点、制作卡片、撰写读后感的习惯。四是使用工具书的习惯。五是讲究阅读卫生的习惯。因此,良好的阅读习惯是阅读活动顺利进行的保证。

(二)教给阅读方法

在阅读教学中,阅读方法与技巧的教学自然占有重要的地位。教师要密切联系中学生阅读实践,积极运用理论指导、模式指导、范例指导、经验指导等多种形式,向中学生提供有关阅读的规律性知识,使他们切实掌握有效阅读的方法与策略;并要积极创造适宜中学生阅读的情境,让中学生尝试和体验成功阅读的愉悦,从而能够使中学生从阅读中学会阅读,提高阅读效率与阅读水平,并从真正意义上具备终身学习的能力。

（三）培养阅读能力

根据对阅读过程的纵向考查,阅读能力的结构一般由以下几方面构成。

1. 认读能力

认读即感知、辨识文字符号的过程。认读要以一定的识字量为基础。培养认读能力,要从加强识字教学、提高识字量入手,教学生把握认读的规律,并通过认读实践,切实有效地培养学生的认读能力。

2. 理解能力

理解能力是指在认读的基础上,把连续感知的文字符号联系起来,通过直觉、联想、想象以及逻辑分析和综合判断的思维活动,确认其所表达的思想意义的能力。在读文教学过程中,培养学生的理解能力,主要是培养学生理解文章遣词造句的技巧、篇章构制的特点及文章的思想内容与感情色彩的能力,以促进学生阅读能力及思维能力的发展。

3. 欣赏能力

欣赏能力是读者对作品的思想意蕴及艺术形式的感受、领略、品味、体验的能力。欣赏是感知、想象、情感体验等一系列复杂的心理活动互相交织的过程,它是高层次阅读不可缺少的能力。在阅读教学中,教师应当注意引导中学生通过想象、联想,再现文章的情境,并唤起他们相似、相类的心理体验与情感共鸣,对文章的情调、韵味及艺术美质进行全方位的观照,培养和提高学生的这种能力。

4. 评价能力

在感知、理解的基础上,对阅读材料的内容与形式做出价值认定与意义的判断,是高层次阅读不可或缺的环节。它以对作品价值的理性分析与判断为基本特征。在教学中,要引导中学生注意从作品的实际内容出发,通过对作品构成要素的分析,正确地评价作品的思想倾向,并要注意联系作品赖以生成的背景及环境,对作品的社会意义做出合乎情理的阐释与分析。

（四）训练阅读技巧

从横向上看,阅读的方式有朗读、默读;精读、略读、速读,相应的就有阅读的技巧。

1. 朗读训练

朗读就是出声地读,是通过读出词语和句子的声音把诉诸视觉的文字语言转化为诉诸听觉的有声语言。朗读有助于增强对语言的感受能力,从而加深对文章思想感情的体味理解;可以促进记忆,积累语言材料;有助于形成语感,提高口头和书面的表达能力等朗读训练的基本要求。朗读训练的方式主要有:范读、领读、仿读、接替读、轮读、提问接读、齐读、小组读、个别读、散读、分角色读等。对读物可采取全篇读、分段读、重点读等。

2. 默读训练

默读是指不出声的阅读,它通过视觉接受文字符号后,直接反射给大脑,可以立即进行译码、理解。因此,默读又称"直接阅读"。一般说的阅读能力,实际多指默读能力,因为它在实际学习和生活中运用得最多。

默读训练的要求:感知文字符号要正确,注意字音、字形、词语的搭配、句子的排列;要讲究一定的速度,要学会抓重点;在阅读中学会思考,根据文章的内容,向自己提出问题,解决问题。

根据默读训练的要求,默读训练可着重从下面三方面进行。

第一,视觉功能的训练。主要是扩大视觉幅度的训练,增加一次辨认文字的数量,同时提高视觉接受文字符号的速度,减少眼停次数和回视次数。

第二,默读理解的训练。主要是要教会学生如何调动想象、联想、思维和记忆的作用,以提高理解读物的内容深度和速度。

第三,默读习惯的训练。主要是帮助学生克服不良习惯,如出声读、唇读、喉读、指读、回读等;使学生养成良好的阅读习惯,如认真、专注、边读边思,边读边记等,良好的阅读习惯,能够提高阅读效率。

3. 精读训练

精读是逐字逐句深入钻研、咬文嚼字的一种阅读。

精读训练的基本要求:对读物从整体到部分,从部分到整体,从形式到内容,从内容到形式的反复思考深入理解;对于阅读材料中的关键词语或句子,要仔细推敲琢磨,不仅要理解其表层的意义,而且要深入领会其言外之意,画外之象;养成边阅读边思考、边阅读边做笔记的习惯,因为只有真正独立思考的主动的阅读活动,才是有效的阅读活动。

为了提高精读训练的有效性,教师在精读训练过程中,要提示精读的步骤和方法,给予适当的引导,使中学生逐步练习,直到完全掌握精读技能、形成熟练的技巧与习惯。

精度训练可以有不同的步骤,各有侧重。具有代表性的精读步骤有以下几种。

三步阅读法:认读→理解→鉴赏。

五步阅读法:纵览→发问→阅读→记忆→复习。

六步自读法:认读→辨体→审题→问答→质疑→评析。

在实施阅读训练的过程中,无论哪一个步骤或环节都需要运用良好的、合适的阅读方法才能保证精读的顺利完成。实际上,精读没有固定不变的步骤和方法,每个教师都可以根据自己的经验和中学生的情况提出训练方案,同时鼓励中学生在实际阅读和训练中,总结出符合个人阅读情况的步骤和方法。

4. 略读训练

略读是指粗知文本大意的一种阅读,是一种相对于精读而言的阅读方式。略读对文章的阅读理解要求较低,略读的特点是"提纲挈领"。它的优势在于快速捕捉信息,在于发挥人的知觉思维的作用,一般与精读训练总是交叉进行的。

略读训练指导应注意:第一,加强注意力的培养,提高在大量的文字信息中捕捉必要信息的能力,纠正漫不经心的阅读习惯。第二,加强拓宽视觉范围、提高扫视速度的训练。第三,着重训练阅读后,用简练的语句迅速归纳材料的总体内容或概括中心意思的能力。第四,注意教给学生如何利用书目优选阅读书籍,利用序目了解读物全貌,如何寻找和利用参考书解决疑问,以及略读中如何根据不同文体抓略读要点等。

5. 速读训练

速读是指在有限的时间里,迅速抓住阅读要点和中心,或按要求捕捉读物中某一内容的一种阅读方式。速读的基本要求:使用默读的方式;扩大视觉范围,目光以词语、句子或行、段为单位移动,改变逐字逐句视读的习惯;高度集中注意力进行阅读的习惯;每读一遍都有明确的阅读目标的习惯;减少回读;从顺次阅读进入跳读。

速读方法的训练主要有:一是提问法,读前报出问题,限时阅读后,按问题检查效果。二是记要法,边读边记中心句、内容要点或主要人物和事件等,读后写出提要。三是跳读法,速读中迅速跳过已知的或次要的部分,迅速选取与阅读目的相符的内容,着重阅读未知的、主要的或有疑问的地方。四是猜读法,即根据上文猜测下文的意思,或根据下文猜上文的意思,能迅速猜测出意思的,就不必刻意去读。当然,速读训练应注意根据中学生的阅读基础和读物的难度来规定速度的要求。

(五)陶冶情操,提高人文素养

语言文字是人类文化的重要组成部分,作为体现语文课程鲜明的人文性特点的阅读教学内容,对中学生精神领域的影响是深广的。因而,在阅读数学中应当发挥语文自身优势,重视文化信息的吸收,充分体现语文在思想、道德情操、审美等方面的教育价值,使中学生在阅读中体味大自然和人生的多姿多彩,激发珍爱自然、热爱生活的情感;通过阅读和鉴赏,深化热爱祖国语文的感情,体会中华文化的博大精深;在阅读和鉴赏活动中,不断充实精神生活,感受艺术和科学中的美,提升审美境界,完善自我人格。

第二节　中学语文阅读教学的内容与基本过程

一、中学语文阅读教学的内容

阅读教学内容与语文教科书的内容密切相关,但是,语文教科书的内容不等于教师的教学内容。长期以来,我国语文教科书都是采用"文选型"模式,形成了一个根深蒂固的"范文制度";阅读教学的内容似乎就是教范文。近年来有研究者对"文选型"的教科书编制进行了细致的研究,认为语文教科书中的选文,大致可以鉴别出四种类型,即"定篇""例文""样本""用件"。以上述观念为指导,阅读教学的主要内容应包括经典名篇,言语经验,读解策略和方法,语言文化知识,整合性阅读实践活动。

（一）经典名篇

经典名篇是指从古今中外文化典籍中选出来的世界和民族优秀的文化和文学作品。过去的教学大纲称之为"基本篇目"。经典名篇的教育意义,朱自清先生早在他的《经典常谈》的序文中指出:"经典训练的价值不在实用,而在文化。"通过学习经典名篇,学生将会"认识中华文化的丰厚博大,吸收民族文化智慧。关心当代文化生活,尊重多样文化,吸取人类优秀文化的营养"。因此,经典名篇应该直接地、原汁原味地进入语文教科书中,不应该随意删改;并且应当成为那一部分教材内容所环绕的中心。学生学习这些经典名篇的主要任务是沉浸于这些诗文,对诗文加以内化(了解和欣赏)。而且,要注意记诵和积累,让这些经典名篇成为自己文化素养的有机组成部分。

（二）言语经验

语文教科书中还有一部分选文,是作为运用语言表情达意的成功范例而编选进来的。这些文章或作品,都是作者运用社会语言来表达自己的思想、观点、情感、态度、主张的"言语作品"。这些言语作品以活生生的状态告诉学生:他的写作意图是什么,他是如何选择材料的,如何组织篇章的,以至于如何选词、造句等。研究如何运用祖国语言去生成自己的言语作品,这正是语文课程的重要任务之一。

（三）读解策略

阅读首先是为了理解读物的意义,从中提取出于己有用的知识或信息。读物是作者运用语言表情达意的成品,属于言语的范围。读者要能够成功地与读物和作者交流,就需要有能够调控阅读活动过程的主要策略。这些策略如认知语言的策略、还原语境的策略、提纯撮要的策略、联想生发的策略、问题导向的策略。

（1）认知语言的策略。读解言语的意义首先需要认知和理解语言,读者和作者应当具有一套共有的语言知识,否则,理解是不可能产生的。

（2）还原语境的策略。语境和言语一道生成。言语作品一旦生成,语境因素也就自然消失。这个时候,言语理解面临的问题是通过对言语的解码恢复言语与语境的关系。还原语境,包括充分利用上下文微观语境;探察写作活动发生的时间、场合、心态等中观语境;追寻作者所处的历史、社会、文化状况等宏观语境。由此可知,还原语境就是还原生活,理解语境就是理解生活。

（3）提纯撮要的策略。在阅读过程中,读者始终把提取读物所表述的最主要、最基本的信息作为目标。这一方面是因为读物的语言符号系统中的每个元素，并不是处处都处于同等重要的地位；另一方面是因为人的大脑不可能容纳所有的知识信息，它自身就具有过滤和筛选的功能。

（4）联想生发的策略。读物的意义要由读者生成和拓展。联想，是读者生成、拓展和创新意义的重要渠道。联想意义的策略，指的是在读解过程中自觉地运用联想的方法去理解和拓展读物的意义。联想意义的策略主要包括"联想／替换""联想／填充""联想／触发"。

（5）问题导向的策略。没有问题导向意识的读者所读到的和摘抄到的，往往是散的、无结构的资料。因此，读者应当注意在阅读中学会质疑问难，带着发现和解决问题的期待去实施和调控阅读过程。

（四）语言文化知识

在语文教科书中，除了经典文篇（定篇）、言语经验（例文）、读写凭借（样本）之外，还有一部分专门供中学生阅读的材料。这些材料有的是讲述语言的和修辞的知识；有的介绍作家和作品的常识；有的说明某种文化的或科学的现象；还有的给中学生提供听、说、读、写言语活动的方法。中学生阅读这些材料的目的不在于学习它们的表达形式，而在于了解它们所说明的内容，在于增长自己的文化科学知识，拓宽自己的知识视野。这些材料往往以"语文知识""引起话题""提供资料"等形式出现；其主要目的是提供信息、介绍资料、组织活动、引起探究并指导学生在相关的言语实践中去运用这些材料等。

（五）整合性阅读实践活动

只靠语文教科书中有限的文选是很难培养出中学生实用的阅读能力的。因此，在语文教学中，还应注意安排和组织各种整合性阅读实践活动。例如,现行的几种义务教育语文课程标准的实验教材中,都编排有"综合性学习"。课外阅读也是组织和实施整合阅读实践的机会。整合阅读实践活动与"综合性学习"一样,具有综合性、探究性、过程性和合作性等特点。

（六）文言文的阅读

文言文阅读的最终目的是对全篇思想和情感的理解。把握文意,归纳概括文章的思想内容,辨析作者的观点态度,是文言文阅读的重点和难点。文章的内容,总体上来说不外乎写人、绘景、抒情、说理等几个方面或多方面的综合。对它的理解把握源于对文章词句提供信息的综合,人物形象可以从语言行为上把握,大致可以从事物、环境上把握,情感可以从感情、缘由上把握,道理可以从观点、依据上把握。

对文言文文意的把握方法也适用于现代文和外文,差别只在于文言文和外文首先要消除语言上的障碍。这就要求掌握语言文字的相关知识,先打好语言文字的基础。

二、中学语文阅读教学的基本过程

阅读教学的过程通常是指教学一篇课文所经历的过程。当代教学论认为,学习是一个过程,而不只是一个结果,因而十分注重过程。

按照学生阅读知识和阅读能力发展的规律,阅读教学流程一般按三个环节开展:引导—研读—运用。

（一）引导过程

引导过程的基本任务是确定学习目标,唤起学生学习动机。一般包括以下教学内容:预习、解题、介绍有关资料、导入新课。阅读教学实践中,可以全部运用,也可以只运用其中的若干项。

1. 预习

预习是学生学习的准备阶段。教师在教学实践中既可以布置中学生在课前预习,也可以指导中学生在课堂上进行预习。教师可以根据教学需要灵活运用。

2. 解题

课文标题相当于文章的"眼睛",透过课题可以了解文章的内涵和特点,所以,有经验的语文教师都会通过巧妙解题来导入新课,引导中学生找到理解课文的纹理脉络。课文标题与文章内容的关系,或者是课文标题直接揭示主题,或者课文标题指示选材范围或对象,或者课文标题直接指示事件,或者课文标题隐含深刻寓意等。

3. 介绍有关资料

介绍有关资料是帮助中学生深入学习和理解课文的基础,包括介绍作者生平、写作缘起、时代背景和社会影响等内容。介绍有关资料也应据课文特点和中学生学情具体而定,可以几个方面的内容都做介绍,也可以有选择地进行介绍。

4. 导入新课

导入新课也称为"开场白""开讲""引题""课前谈话"等。它是课堂教学的序曲,导入的好坏,直接影响到一堂课的成败。导入阶段一般向中学生明确本课的学习目标、学习内容和学习方法等。导入的方式一般有开门见山式、联旧引新式、问题引路式、知识拓展式等。

（二）研读过程

研读过程是阅读教学的核心环节,主要是对课文的内容和形式做深入的研读和探讨。根据阅读活动的特点,研读过程一般分为三个阶段:感知阶段、分析阶段、综合阶段。感知阶段是对课文的整体认识,分析阶段是深入课文的具体认识,综合阶段是课文的整体理解和把握。

1. 感知阶段

感知阶段的教学任务一般包括以下几方面的内容：认识生字新词、课文通读、感知内容、质疑问难。

2. 分析阶段

分析阶段是对课文内容和形式进行深入细致的具体分析研讨，主要包括下面一些内容。

（1）文章结构分析。注意抓住开头结尾、层次段落、过渡照应、详写略写等特点。

（2）内容要素分析。通过对文章某些要素进行分析来把握文章内容，如小说中的人物、环境、情节的分析，议论文的论点、论据分析，诗歌的意境、典故的分析等。

（3）写作技巧分析。通过认识和借鉴文章的写作方法来深入理解课文，写作的技巧一般包括构思、剪裁的技巧；写人、写事、写景的方法；说明的方法；论证的方法；直接和间接抒情的方法等。

（4）语言特点分析。主要分析语言的规范性和艺术性，即语法分析、修辞分析和语言风格分析。

（5）重难点分析。包括教学要点、教学难点和教学疑点，教师精讲的时候一定要抓住这些关键的内容。

3. 综合阶段

综合阶段是分析阶段的基础上进行的，是由局部到整体的概括过程，由现象到本质的抽象过程。综合阶段的教学任务一般包括概括中心思想、总结写作特点等。

（三）运用过程

运用过程的基本任务就是教师指导学生把分析综合阶段中学得的语文知识应用于语文实践，转化为语文能力。转化的途径就是集中训练,一般采用听、说、读、写等多种方法进行。这是阅读教学的关键。

阅读教学过程中有多边矛盾,而核心的矛盾是中学生认识、学习课文的矛盾,其他矛盾都从属并服从于这一矛盾。因此,组织教学过程,教师应综合艺术处理课文,帮助中学生有效地认识、学习课文。所谓综合艺术处理课文,就是根据教学情况,创造性地对课文的内容进行教学的组织设计,有效地利用课文对中学生进行语文训练,提高语文课堂教学效率。

第三节　中学语文阅读教学的原则与常用方法

一、中学语文阅读教学的原则

阅读教学的内容太过广大,无论是诗歌、散文还是小说、戏剧,各种不同文体的教学都包含于阅读教学之中。面对一篇课文,选择哪一部分作为教学内容,不同的老师会有不同的选择。这受到教师个人的文化背景、兴趣爱好、教学经历、思维方式等很多条件的影响。即便如此,中学语文阅读教学依然不能随心所欲,它需要遵循以下原则。

（一）发挥教材的范例作用

发挥教材范例作用的关键是深挖课文的智能因素特别是创造性因素,并实现它的训练价值。必须看到,语文教材的课文是作者经过一系列复杂的智能操作写成的,其中蕴含着极其丰富的智力因素和语文技能因素,课文所具有的范例作用实质上就是这些因素对中学生学习语文和发展心理所产生的积极影响。优化语文教学就必须重视这些因素对培养中学生语文能力、发展学生智力方面的教学价值,将课文的这些因素充分发掘出来,使之作为学习语文的示范。

（二）重视对课文的情境感受

重视对课文的情境感受是语文教材的特点对阅读认识活动的要求。语文教材本身是有情境的。一篇优秀的文章、文学作品总是在一定的情境中产生的，是作者对自己所接触的实际生活的反映。即使一些课文如议论文没有直接描绘意境，但在逻辑推论中隐含了情感结构，仍然含有动心、动情的生动形象。

重视情境感受也是阅读教学科学规律的必然反映。首先，情境感受可以促进中学生从整体上准确理解课文。阅读应从整体上对课文做理解。而一个情境就是一个整体，感受情境本身有助于中学生正确的思想方法的形成，可以培养中学生着眼于整体理解课文的习惯和能力。同时，阅读学习注重情境感受合乎青少年思维活动的认识规律。中学生虽然抽象逻辑思维开始发展，但仍以感性表象为支点，这种逻辑思维属于直观形象的抽象。而感受情境要调动中学生的表象，从感受形象开始，在此基础上引导中学生应用抽象思维深入认识课文，这与青少年阅读学习的思维活动是一致的。

（三）在阅读教学中促进学生积极的学习迁移

迁移是一种学习对另一种学习的影响。"为迁移而教"，是时代对教学的要求。一切有意义的学习，必然包含着迁移。可以说，中学生学习迁移的效果是检验教学是否达到这种目标的最可靠的指标。对阅读教学来说，迁移学习训练是发展中学生自读能力和创造能力的必要途径，阅读教学应注意促进中学生积极的学习迁移。

二、中学语文阅读教学的常用方法

中学语文阅读教学的常用方法如提问对话法、整体感悟法、厘清思路法、言语分析法、诵读涵泳法等。

（一）提问对话法

阅读教学的过程是一个多重关系、多种向度的对话过程。教师的提问在教师教与学生学之间架起了一座桥梁。提问的目的在于以下两个方面：引发中学生的认知矛盾，激起中学生的探索欲望，使中学生愿意从事有一定难度的智力劳动；给中学生的思考提供"支架式"帮助，将中学生个人的思考或集体的讨论引向深入。

按照不同的标准区分，教学提问可以有多种类型。美国教育家特内根据布鲁姆《教学目标分类学》的基本思想创设的"布鲁姆—特内提问模式"，就将提问分成了由低到高的六种类型：知识（回忆）水平的提问、理解水平的提问、应用水平的提问、分析水平的提问、综合水平的提问、评价水平的提问。此外，还可根据教学提问的信息交流形式将教学提问分为特指式提问、泛指式提问、重复式提问、反语式提问和自答式提问等。而从教学提问的内部结构看，它可以分为总分式提问、台阶式提问、连环式提问、插入式提问等。根据提问所运用的策略，可分为直问、曲问、逆问、比较式提问、选择式提问等。

（二）整体感悟法

感悟是读者在已有的知识系统、情感体验、智力水平基础上对作品的感受和领悟、扩展和想象、提高和创新。整体性感悟是阅读主体把语言文字放在具体的语境中完整地感受，是对言语对象进行多角度、多层面、全方面地整体把握，获得的是言语的表面的意义和隐含意义的总和。

为了指导中学生形成自觉的整体感悟的习惯，培养中学生整体感悟的能力，提高中学生整体感悟的水平，教师应当给中学生充分感悟文本的时间，还应当注意指导中学生掌握整体感悟的方法。第一，引导中学生了解文本的全局。第二，促成中学生的原初感悟。第三,形成阅读期待。第四,从初感发展到评说。教师在阅读教学对话中,不仅应当重视中学生的阅读初感,更应当重视中学生对读物的整体评说。

(三)言语分析法

言语分析法建立在细读文本的基础之上,综合运用语言、修辞、逻辑、心理、语境、语体等相关知识和方法,对文本的词语、句子、句群、段落、篇章等言语单位进行语用分析,旨在说明作者为什么要用这样的言语形式去表达这些内容,对于所表达的内容而言,这些言语形式为什么是最恰当的。言语分析法有利于培养中学生的语感。言语分析法的实施,就是在直觉言语材料的基础上,对言语内容和形式进行理法分析,从中提取出有益于提高中学生言语能力的言语经验的过程。

(四)诵读涵泳法

诵读涵泳法指诵读法和涵泳法。

诵读是把文字作品转化为有声语言的创作活动。诵读是心、眼、口、耳并用的一种学习方法。读者在诵读时会自觉地发现自己对文字作品的理解"贴切"或"不贴切",体验得"对味"或"不对味"。诵读本身就是一个追踪作者的创作动机、创作情状的过程,是对于作品的再理解和再创造。诵读有助于深入理解读物。

涵泳,指的是一种亲身实践、沉浸其中、玩味体会、自得其乐的读书境界。老师引导中学生涵泳,可从以下几点入手。第一,要使中学生明白读书时只有虚心定气,才能密察其意。心浮气躁的心态是无法做到沉浸、涵泳的。第二,要引导中学生懂得"默识心通"的道理。第三,要引导中学生学会"切已省察"。第四,要引导中学生诵读中涵泳。诵读注重的是将文字转化为有声语言,涵泳注重的是对文字的默识心通。二者虽存在明显的差异,但又密不可分。这是因为诵读是心、眼、口、耳的综合活动,声音有助于理解和体验。

第四节　中学语文阅读教学设计的含义及其指导思想

一、中学语文阅读教学设计的含义

中学语文阅读教学设计是指教师在授课之前,在深入钻研教材、了解学生的基础上,在教学目的的制约下,对教学内容、教学方式方法、教学步骤做出科学的、合理的安排,以保证在规定时间内达到教学目标的总体设想。

二、中学语文阅读教学设计的指导思想

（一）树立整体目标观

可以明确,阅读教学是教师指导中学生以解读课文为依托,培养学生的阅读能力。在训练阅读能力的过程中,对中学生进行知识传授、人文素质教育、思维教育、情感熏陶。教师要树立这种整体目标观。在以往的实践中,有些教师存有片面的理解,有人阅读的目标仅是理解一篇文章;也有人认为要借阅读时机侧重于文章思想内容的阐释,以发挥文章的教化功能;还有人认为阅读是为写作服务的一种手段。上述认识都偏重于某个单一的目标。追求单一目标的阅读教学,都不是完整意义上的阅读教学。

（二）树立正确的阅读效率观

传统语文教学以"开卷有益"为指导思想,可是,当今世界信息量激增,传统的教学方法在今天有较大的局限性,快速阅读、快速记忆、快速计算、快速记录,不但被人们所重视、所研究,而且已有不少专业学校从事这类人才的培养。语文教学的效率也被人们提上议事日程。快速阅读,许多国家已在进行研究并取得了丰

硕成果。快速阅读,既可以扩大阅读量,增进知识存储量,也能培养中学生思维的敏捷性。但是教师要明白——单纯的增进阅读量不是高效率,阅读高效率有两个基本要求:一是能在规定时间内获得较多的有效信息,二是收集到的信息有较高的实用价值。

(三)树立阅读迁移的教育观

迁移有两种类型,一种是特殊迁移,指的是学生学习某一内容后对相似材料有特殊的适应性,如有的人一听某一支歌就能很快地记忆并哼唱。一种是一般性迁移,指有关原理、态度和学习方法的迁移,它是教育的重点。语文教学的课堂阅读目的最终是为中学生的独立阅读服务的。教师的"教"是为了中学生的"不需要教"的能力的形成。所以,要让中学生在课堂上学到的知识、技能、方法、态度能运用到课外乃至终身的继续学习上。因此,教师要重视学习的迁移。教师在上课时,不但要传授知识,更要传授方法。不但要传授方法,更要针对不同的学生采用不同的引导方法。

(四)树立阅读教学的发展观

20世纪90年代以来,"多媒体"和"信息高速公路"成为工业化时代向信息时代转变的两大技术杠杆,以惊人的速度改变着人们的工作方式、学习方式、思维方式、交往方式乃至生活方式。阅读教学也在不断地求新、求变、求效率、求质量。任何模式都不可能是一成不变的,从古代的"私塾"到今天的"网络化教学",从远古的甲骨文到今天的微缩图书,教学的内容、形式不可能不发生变革,因此阅读教学设计一定要考虑学生的将来。教师一定要有发展的眼光。

(五)始终坚持"四个主体性"

这"四个主体性"主要包括:文本作者的创作主体性,教材选编者的选择主体性,授课教师的教学主体性,中学生的学习主体性。若无前两者的高扬,后两者的主体性就无法保证。

1. 坚持文章作者的创作主体性

多数情况下,文章的作者并不知道自己的作品将会被选入教材。所以,作者在创作的时候,很难有面对中学生的读者意识,一般来讲,他们只是用自己的语言传递自己的思想情感而已。而我们在阅读的时候首先要做的,就是要努力探究,作者在什么情境下,什么背景下,为什么而写。

2. 坚持教材编选者的选择主体性

虽然要坚持文本作者的创作主体性,但是作品一旦进入教材,就意味着它不仅仅是一个原生文本,它也一定会被编选者赋予新的价值。学生要在教师的指导下,在自身的学习过程中挖掘其作为教学内容的教学价值。教师对教学文本的精研,也是课堂教学至关重要的一步。研读教材,才能向编者的思想趋近,才能发挥出阅读教学的最大效用。教师要在所在学段、年级、单元目标的统驭之下正确理解文本。

3. 坚持语文教师的教学主体性

在当今语文教学中,师生的摆位问题至关重要。如何正确处理课堂教学中师生之间的关系,是提高课堂效率和培养中学生创造性思维能力的重要环节。很多人把教师比喻成导演、舵手、主持人、裁判员,这都是在凸显教师的主体性作用,遵循教学民主原则的重要体现。

4. 坚持中学生的学习主体性

教师必须树立正确的学生观,尊重中学生的主体性。课堂教学的最终目的,是落实到中学生的学习效果上。尊重中学生的主体性,应当成为教师的一种深植于内心的教学理念,也是当下课改最为强调的。

在学习过程中,具有主体地位的始终是中学生。其一是全部的语文教学活动,从教学大纲的制定,到语文教材的编订;从教学参考书的编写,到语文教师的课堂教学,都必须落实到中学生的"学"上,都是为了尽快提高中学生的人文素质和语文素质。其二是在整个语文教学活动中,中学生都应该是一个积极主动的参与者,而不是一个被动的服从者。所以,要坚持中学生学习的主体性,得从这两方面入手。

（六）尊重学生的独特体验与感悟

《义务教育语文课程标准（2011年版）》提出"应该尊重学生在学习过程中的独特体验。""阅读是学生的个性化行为,不应以教师的分析来代替学生的阅读实践,要珍惜学生独特的感受、体验和理解。对学生独特的感受和体验应加以鼓励。"在"教学建议"中强调:"阅读是学生的个性化行为,应引导学生钻研文本,在主动积极的思维和情感活动中,加深理解和体验。"个性化阅读,其关键就在于有自己独到的、不同于现有的主流解读,它指向的是与众不同,是特立独行。这种个性化的理解或许没有得到别人的认可,或许没有得到普遍性的接受。它仅仅是一种独特的解读存在而已。

第五节 中学语文的单元阅读教学设计

单元阅读教学是以一个单元或一组课文为教学单位,依据教学大纲的要求和单元课文在教材中的地位、作用,从课文特点和学生实际出发,把读写听说训练和传授语文基础知识结合起来,总体设计并进行教学。语文单元阅读教学模式对于学生高效地掌握知识、培养能力、提高素质能起到单篇课文教学所不能发挥的作用。

一、单元阅读教学的特点

（1）从制定教学目的要求看，着眼于一组文章，而不是一篇文章。

（2）从教学设计环节看，把几篇课文视为一个整体，通盘考虑教与学、讲与练、读与写、听与说的具体内容和方法。

（3）从认识论的角度看，单元阅读教学是从事物的联系中认识事物，从事物的若干侧面来认识事物的整体，或从对比辨析中认识事物的特征。

二、单元阅读教学设计的常见模式

单元阅读教学设计的常见模式有演绎式、归纳式、比较式、四环节智能定型式。

（1）演绎式。这种模式以传授知识为先导，然后通过范文阅读、在听说读写和作文训练中巩固、运用知识，最后检测并予以总结。如图 7-1 所示。

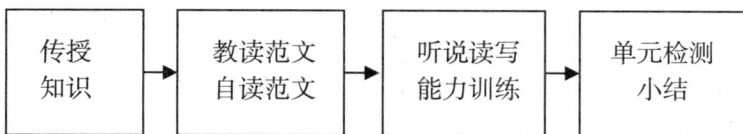

图 7-1　演绎式

（王昱华等，2015）

（2）归纳式。先进行范文阅读、写作和听说训练，在听说读写训练的基础上归纳语文知识，最后检测教学效果并予以总结。如图 7-2 所示。

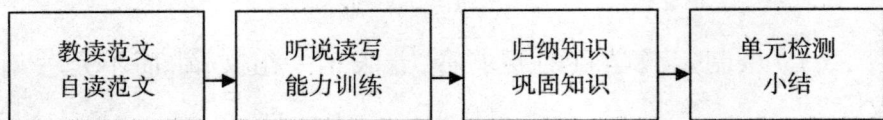

图 7-2 归纳式

（王昱华等，2015）

（3）比较式。在单元阅读教学的前段时间内，集中教读数篇范文，重在比较异同，然后让学生自读、比较，再进行归纳、整理、将所学知识分类，指导言语实践。如图 7-3 所示。

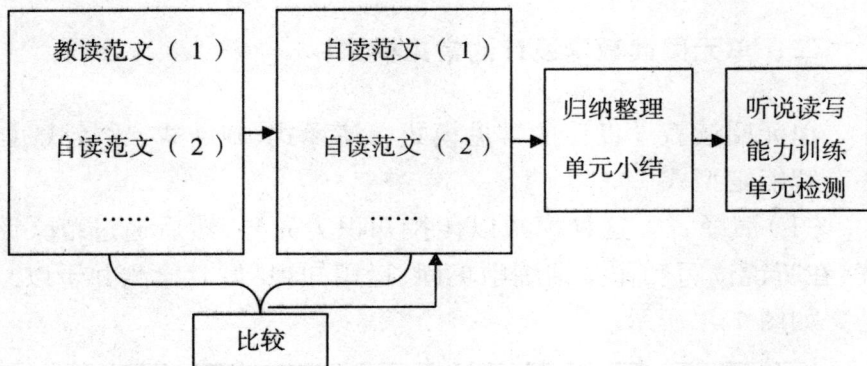

图 7-3 比较式

（王昱华等，2015）

（4）四环节智能定型式。这种教学设计的指导思想是：把以传授知识为主变为开发智能为主，通过听说读写能力训练培养学生的观察力、注意力、记忆力、想象力等思维能力；调动学生的学习积极性和主动性，学会独立的运用科学的学习方法和思维方法去获取知识，具体环节如图 7-4 所示。

```
   ┌──────┐        ┌──────┐        ┌──────┐
   │ 教法 │        │ 学法 │        │智能定型│
   └──────┘        └──────┘        └──────┘
```

| 指导自学 | → | 编写提纲 | → | 阅读理解能力 |

读书、查阅、标批、整理

| 启发点拨 | → | 课堂答辩 | → | 质疑应变能力 |

讲评、提问、讨论、改错

| 作业设计 | → | 应用练习 | → | 语言运用能力 |

迁移知识、定量练习、定型作业

| 单元梳理 | → | 自我小结 | → | 综合归纳能力 |

综合、比较、提炼、归类

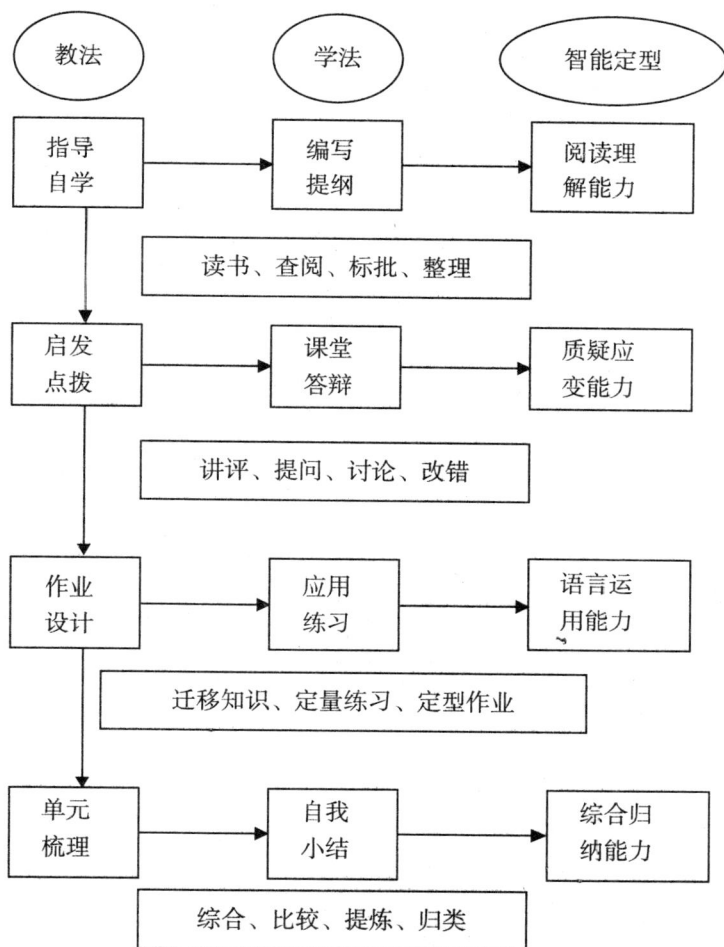

图 7-4　四环节智能定型式

（王昱华等，2015）

三、单元阅读教学的基本步骤及内部程序

（一）单元阅读教学的基本步骤

进行单元阅读教学要从整体上把握教材。教师必须从某个阶段的教学目的出发,研究各个单元的教学要求和各单元之间的

配合关系以及某个单元的内部结构。因此,教师在备课研究教材时,不仅要钻研目前所教的教材,而且起码还要了解整个学段的教学内容,特别是各种训练系列。单元整体教学能够防止过去教学中肢解教材和游离教材系统的弊端。教师不再只是着眼孤立的单篇备课教学,而是把一个教学单元看作一个不可分割的整体。一般应该先从宏观把握单元阅读教学任务和要求,教学重点、难点、教学的思路,再对几篇课文进行合理的分工安排,然后通过"篇"的教学来完成单元阅读教学任务。

在单元阅读教学的过程中,一般采用下列六个步骤。

1. 阅读提示

指导中学生阅读单元知识以及重点讲读篇目,并交代本单元的教学目的,教学要点,设置思考题,让中学生带着问题有目的地进行阅读,做到大体上心中有数,明确"学什么,怎么学"。使师生双方做到目标一致,确定主攻方向。

2. 教读示范

教师通过对单元之中重点篇目的深入分析讲解,教给中学生一些方法和规律,做好示范,达到"举一"的目的,为下一步中学生"反三"自读活动打好基础。

3. 自读

分课内自读和课外自读。课内自读是在教师的指导下,中学生通过运用教读课所学到的知识和方法。进行自读时,教师要适当地设置一些问答题,组织中学生在阅读的基础上讨论;也可以通过运用比较异同的方法加深中学生对自读课文的理解。在自读的过程中,教师一定要当好中学生的向导,如果发现中学生偏离方向,或者遇到困难时,要及时启发、诱导、点拨。

4. 单元小结

是教师引导中学生对本单元所学知识进行系统化加工的过程,通过分析和比较,使学生的认识由感性上升到理性,掌握规律性的东西,培养中学生的自学能力。

5.课外读写

是在课外自读课的基础上,延伸扩展阅读面。进行各种文体阅读的"速读""略读"活动,开阔学生的视野,给中学生创造知识迁移的条件。布置各种类型的阅读训练或者大小写作训练。

6.检测

一般在本单元阅读教学结束时,进行形成性测验。这是检查验收本单元阅读教学的效果,也是反馈信息的重要环节。检测的方法,可以是多种多样的,一切应从中学生的实际出发,灵活安排。

以上这六个步骤,一般情况下,是我们进行单元阅读教学的基本程序。当然,它不应该是模式。"教有方法,但无定法",教学情况是多变的,我们就应该从实际出发,因材施教,因人而异,教学法也应随机应变,及时调整,重新优化组合。

（二）单元阅读教学的内部程序

根据认识的一般规律和单元内部结构的整体性、系统性,语文单元阅读教学可采取"总—分—合"的教学程序。

（1）总:确立单元学习目标,讲解此单元文体的基本知识,使中学生对单元内容有整体的、大致的了解。一般地说,教学过程就是通过师生的相互作用,使中学生朝着预定的目标产生持久变化的过程。单元学习目标的确立,能够激发中学生学习的动机,使它们调节行为标准,强化学习意志。

（2）分:正确处理三类课文,掌握各课分目标及目标的知识体观。设计优化各课教学形式,优化教学效果,在把握各课教学目标的情况下,可以采用"以讲读带自读式""一次多篇式""以练代讲式""短文开路式""比较教学式""自读自拼式"进行课文教学,突破传统的"生字词语—写作背景—段落大意—中心思想—写作特点"的框架模式,提高教学效率,收到好的效果。不论何种形式,都要紧紧围绕单元阅读教学要求确立在本课中的教学目标来进行,对课文的具体内容进行分析研究,获得细致的认识。同时,加强听说读写的基本功训练,完成与课文教学目标的有机结合。

（3）合：进行单元小结,学习单元知识短文并完成写作训练。此阶段,为知识的深化阶段,对分课所学知识加以归纳综合,使中学生获得更高层次上的整体认识,并实践,由知识到能力的迁移。单元小结应注意总结规律,把知识综合成整体,使之系统化,形成比较完善的知识网络。

总之,"总—分—合"是单元阅读教学中比较合理的教学程序,它突破了单篇教学的局限,体现了单元阅读教学的整体性和系统性。当然,根据实际情况,单元阅读教学亦可采用"总—分""分—合"两步教学,或采取其他程序,但不论何种程序,都应紧紧围绕单元阅读教学要点进行。

第八章　中学语文口语交际教学及其设计探究

口语交际指的是"人们运用连贯标准的有声语言和无声语言交流思想、传递信息、表情达意的社会活动"（宋祥）。对于人们来说，要想顺利、有效地与他人进行交流与沟通，必须要具备良好的口语交际能力。因此，重视口语交际教学已成为世界上所有学校教学过程中的一项重要内容。这就要求中学在开展语文教学的过程中，也要高度重视口语交际教学，做好口语交际教学的设计，以有效提高学生的口语交际素养，使其更好地适应未来人才素质的需要。

第一节　中学语文口语交际教学的理念与主要目标

在开展中学语文口语交际教学时，要想取得良好的成效，首先要明确中学语文口语交际教学的理念与目标。

一、中学语文口语交际教学的理念

中学语文口语交际教学的理念，具体来说有以下两个。

（一）构建和谐人际关系的理念

在当前，我国正在积极构建社会主义和谐社会，而和谐社会需要和谐的人际关系。良好的人际关系，是事业成功、社会稳定、民族兴旺、国家繁荣的必要条件。因此，构建社会主义和谐社会，应当把促进人际关系的和谐摆在重要位置。但是,现实生活中有些人在口语交际时因为不具备相应的文明态度和言语修养而影响了人际关系的正常发展。

由于中小学阶段是人的一生中口语交际能力形成的关键时期,而且良好的口语交际能力对于学生培养良好的人际关系具有重要的作用。因此,在开展中学语文口语交际教学时,必须确立构建和谐人际关系的理念,以使学生适应未来社会良好的人际关系的需要。

（二）提高学生文化素养的理念

口语交际的态度、内容和用语等,无不包含着文化的因素。为此,在当前及今后开展中学语文口语交际教学时,必须站在社会发展和学生全面发展的高度,确立提高学生文化素养的理念。也就是说,在开展中学语文口语教学时,除了要教给学生如何运用语言,还要注意在教学过程中渗透思想文化教育因素,以促使学生的口语交际水平得到真正的提升。

（三）注重实践锻炼的理念

能力是在实践的基础上形成的,只有真正与别人进行口语交际实践,才能真正形成较强的口语交际能力。因此,在开展中学语文口语交际教学时,要注意在精简口语交际知识教学的同时,尽可能与口语交际实践相结合,开展丰富多样的口语交际实践活动,注重在实践中锻炼与提高学生的口语交际能力。

二、中学语文口语交际教学的主要目标

（一）中学语文口语交际教学目标的特征

中学语文口语交际教学重于在动态中发展学生的即时性和现场性口语能力,这使得中学语文口语交际教学的目标呈现出以

下几个鲜明的特点。

1. 前瞻性

中学语文口语交际教学目标的前瞻性特征指的是中学语文口语交际教学要面向学生的未来发展以及国家的未来。也就是说,中学语文口语交际教学要着眼于学生的明天,为学生将来的发展着想,使学生真正成长为国家发展所需要的栋梁之才。

2. 整体性

中学语文口语交际教学目标的整体性特征指的是中学语文口语交际教学目标必须对情感态度和价值观、过程和方法、知识和能力三个维度的要求进行有机融合,以便真正培养学生的口语交际能力,提高学生的人格素养和生存能力。

3. 操作性

中学语文口语交际教学目标的操作性特征指的是中学语文口语交际教学目标是以学生的身心发展规律以及学生学习语文的规律为依据制定的,能够为中学语文口语交际教学的内容选择、教科书选择等提供重要的指导。

(二)中学语文口语交际教学目标的主要内容

中学语文口语交际教学的目标,主要包括以下几方面的内容。

第一,使中学生具有日常口语交际的基本能力。

第二,使中学生学会在各种交际活动中如何进行倾听、表达与交流。

第三,使中学生初步学会文明地进行人际沟通和社会交往。

第四,使中学生学会在与人交流时能尊重、理解对方。

第五,使中学生乐于参与讨论,敢于并能自信、负责地表达自己的意见。

第二节　中学语文口语交际教学的内容与基本心理过程

中学语文教师要顺利地开展口语教学并确保其取得良好的成效,除了要明确中学语文口语交际教学的理念与主要目标,还要选择恰当的教学内容,明确口语交际教学的心理学基础,即明确口语交际教学的基本心理过程。

一、中学语文口语交际教学的内容

中学语文口语交际教学的内容,大致来说可以划分为以下两个部分。

(一)口语交际的态度

在开展中学语文口语交际教学时,口语交际态度的教学是一项十分重要的内容。也就是说,中学语文口语交际教学要注意培养学生良好的口语交际态度,具体包括以下两个方面。

1. 耐心专注地倾听

(1)耐心地倾听。中学生只有养成耐心倾听的口语交际态度,才能顺利地对他人进行沟通与交流。具体而言,中学生要做到耐心地倾听可从以下几方面着手。

第一,在倾听对方说话时,要尊重对方,不随意打断别人说话,也不随意插话。

第二,在倾听对方说话时,如果有不同的意见,要有礼貌地等对方说完后再提出自己的看法。

第三,在倾听对方说话时,如果听话的不止自己一个人,还要注意尊重其他人说话的权利。

（2）专注地倾听。中学生只有养成专注倾听的口语交际态度，才能了解、掌握他人所说的内容，从而确保交际的顺利进行。具体而言，中学生要做到专注地倾听可从以下几方面着手。

第一，在倾听对方说话时，要集中注意力，以便从稍纵即逝的声音中获取信息。

第二，在倾听对方说话时，要不断调整自己的思维，以便抓住对方表述的信息要点，并对这些信息的价值进行准确判断。

第三，在倾听对方说话时，要注意其说话的表情、手势等体态语，以便更全面地把握说话人所传递的信息。

第四，在倾听对方说话时，要及时用情态或简短应对话语向对方传递反馈信息，以表明自己在认真地听对方讲话。

2. 自信负责地表达

在与他人进行交流时，除了应耐心专注地倾听，还应自信负责地表达。因此，中学语文口语交际教学应帮助学生克服怯于讲话的心理障碍，培养学生说话的勇气和自信心，具体可从以下几方面着手。

第一，要积极培养学生勇敢、坦诚、不惧怕挫折的心理品质。

第二，要积极培养学生健康的表达欲，使学生有话想说、有话敢说、自信大方的表达。

第三，要指导学生学会做好说话前的准备工作。

第四，要指导学生运用正确的语言表达自己的真情实感。

（二）口语交际的能力

通常来说，中学语文口语交际教学需要培养学生以下几方面的口语交际能力。

1. 倾听能力

倾听能力是一种综合能力，具体包括以下几方面的能力。

（1）语音辨识力。语言是语音和语义的结合体，人们听话首先从听到语音的声波开始，然后才能理解对方所表达的思想内容。如果不能根据具体的语言环境听音辨调，就无法与他人顺利地进行交流。因此，在中学语文口语交际教学中要重视培养学生的语音辨识力。

（2）话语记忆力。记忆就是对事物的识记和保持，话语记忆力的提高对于增强学生的口语交际能力具有重要的作用。口语是一闪而过、稍纵即逝的，听话人要想迅速而准确地捕捉对方发出的每一个语音信息，必须要具有良好的话语记忆力。

（3）话语理解力。理解是听的目的，是整个听话过程的核心。它建立在分析、综合、比较的基础上，能对语言的正误做出判断，具有创造因素。因此，在中学语文口语交际教学中，也要重视培养学生的话语理解力。

由于话语理解力是口语交际能力的核心，也是以倾听的信息为基础进行的，因而在倾听的过程中，要注意捕捉尽可能多的信息，即在倾听对方的讲话中要尽可能获得更多的信息；要注意准确地捕捉信息，即所获得的信息不能含糊不清或走样；要注意及时地捕捉信息，即捕捉那些自己认为最有意义、最有价值的信息。

（4）话语评判力。话语评判力就是指对所听内容及其表达形式的是非优劣做出价值判断的能力。这是听话能力的最高层次，也是中学语文口语交际教学要努力培养学生掌握的一种能力。

2. 口语表达能力

中学语文口语交际教学在培养学生的口语交际能力，口语表达能力也是不能可忽视的一个方面。通常认为，口语表达能力是由以下几种具体的层次能力组成的。

（1）内部组码能力。所谓内部组码，简单来说就是组织内部言语，具体来说就是思考为什么说、对谁说、说什么、怎么说，明确说话的意思和要点。在这一过程中，需要做好确定话题、产生语点、形成思想等方面的工作。

（2）语言编码能力。把言语信息按照语义加以扩展,同时编成一定的词语句式表述出来,便是语言编码。语言编码的过程是十分短暂的,而且要顺利地实现语言编码,必须具备以下两个条件:一是要有丰富的语汇储备做基础;二是要有组织句子的能力。

（3）定向发码能力。把将要释放的语义信息借助言语符号组织成有一定逻辑联系的语流,便是定向发码。一般来说,良好的定向发码能力是通过三个方面表现出来的:一是快速准确地组词;二是快速准确地造句;三是快速准确地联句。

3. 口语应对能力

口语应对能力指的是在交际中根据对方的谈话内容,或已经变化的场景,机敏地改变思维路线,及时调整自己表达的内容和方式,并做出恰当应答的能力。一般来说,具有较强口语应变能力的人,在口语交际中能临事不慌、处变不惊、沉着应付。因此,在中学语文口语交际教学中,也要重视培养学生的口语应对能力。

中学语文口语交际教学在培养学生的口语应对能力时,要特别重视培养学生对口语交际中出现的意外变故进行处理的能力。

二、中学语文口语交际教学的基本心理过程

倾听、表达与交流是口语交际的表现形式,中学语文口语交际教学也主要是围绕着这三个方面展开的。因此,中学语文口语交际教学的基本心理过程,实际上就是倾听、表达与交流的心理过程。

（一）倾听的心理过程

所谓倾听,就是言语以声波的形式刺激听觉器官,引起耳朵鼓膜振动,再由听觉神经把这种振动信号传达到大脑相应中枢。中枢神经细胞活动感知声调和声音所代表的词句,并把词句刺激传达到大脑的颞叶听觉区和额叶动觉区,促使听觉综合活动,并

通过辨音识义等活动理解、吸收语言所传递的信息。

现代认知心理学认为,倾听的过程是由以下几个阶段构成的。

第一,言语知觉阶段,即对句子的声音模式进行分析。

第二,结构分析阶段,即以句子的表面结构为线索来确定句子的意思。

第三,利用阶段,即把前一阶段得到的信息付诸实际使用。比如,听到的是一种陈述,就将其储存在记忆中;听到的是一句问话,则可能做出回答。

（二）表达与交流的心理过程

表达与交流的心理过程,就是说话人在说话动机的促使下,用极简缩的内部语言确定说话的大致内容,然后以说话的目的和情境为依据,尽快地对大脑中存储的各种相关信息进行筛选与组合,从而在较短的时间内对表达的内容、表达的形式等予以确定,并将它们按照一定的逻辑顺序和语言规则组织起来,形成比较完整的内部语言。当说话人的内部语言组织完毕之后,说话人就会迅速地借助发音器官——呼吸器官、喉头和声带、口腔和鼻腔的协调运动,将内部言语转换成有声的外部言语,传达给听话人。

第三节　中学语文口语交际教学的原则与常用方法

中学语文口语交际教学要在中学生自然习得语言的基础上,向中学生口头传授口语交际的形式、方法、技巧和原则,并加强词汇和语法练习,从而切实帮助中学生不断提高并完善自己的口语交际能力,顺利地与他人进行口语交际。为此,在开展中学语文口语交际教学的过程中,既要遵守一定的交际原则,又要选择恰当的教学方法。

一、中学语文口语交际教学的原则

中学语文口语交际教学的原则,具体来说有以下几个。

（一）针对性原则

针对性原则指的是在开展中学语文口语交际教学时,要确保教学内容切合学生的学习、生活和今后的社会交际实际,切实促进学生口语交际能力的发展。

（二）循序渐进原则

循序渐进原则指的是在开展中学语文口语交际教学的过程中,要特别注意以下几个方面。

第一,在开展口语交际教学时,必须遵循从易到难、从基本到综合、从一般到特殊的规律循序进行,即教学的过程要呈梯度渐进。

第二,在开展口语交际教学时,必须注意不断加大教学内容的难度。

第三,在开展口语交际教学时,必须注意不断增强教学方法的复杂性与综合性。

（三）互动性原则

口语交际是通过人与人的互动来实现的,因此在开展中学语文口语交际教学时,必须遵循互动性原则,注重培养学生的互动意识。为此,中学语文教师在开展口语交际教学时,要特别注意以下几个方面。

第一,在开展中学语文口语交际教学时,中学语文教师既要重视师生之间的互动,又要重视学生与学生之间的互动,并注意通过分小组等各种形式,让每名学生都得到口语锻炼的机会。

第二,在开展中学语文口语交际教学时,中学语文教师要注意语言的规范,坚持说普通话,切实懂得自己与学生交流的过程也是学生向自己模仿学习的过程。

第三,在开展中学语文口语交际教学时,中学语文教师要注意与学生交流时,切实将其置于平等的地位,避免居高临下的发问式甚至责问式,消除学生在交流中的畏惧紧张心理,让学生愿意与自己倾心交谈。

第四,在开展中学语文口语交际教学时,中学语文教师要准确地捕捉学生表达不足的地方,并巧妙地加以引导和矫正,以便学生的口语交际能力能够在不知不觉中得到提高。

（四）综合性原则

口语交际能力是语文基本能力的一个重要方面,它和语文其他能力是相互渗透、协调发展的。因此,在开展中学语文口语交际教学时,必须遵循综合性原则,具体可从以下几方面着手。

1. 不断加强说与听、读、写之间的联系

听、说、读、写之间有着相互促进又相互制约的关系,其中,听的能力越强,便能够获得更为丰富和广泛的说话材料,继而更好地对口语交际中传达的意思进行理解,更丰富、更准确地进行口语表达;读能够在积累语言、获得语法知识的同时,掌握一些生动的说话范例,这对于增强自己说话的生动性、形象性具有重要的作用;写是一种有着极强的条理性与严密性的活动,既能够对说话中常会出现的语病进行纠正,也能够帮助说话人不断提高说话的质量。因此,在中学语文口语交际教学中,通过增强听、读、写的训练,能够有效提高学生的口语交际能力。

2. 不断加强口语交际训练与观察、思维、想象训练的联系

观察、思维、想象能力的提高,对于学生口语交际能力的提高也有重要的作用。具体来看,观察是学生认识客观事物、获取感性材料的一个重要途径,学生只有认真、细致地观察,才能全面掌握事物的特点及其与相关事物的联系,继而在描述事物时能够将

内容说准确、完整、具体;口语与思维的发展可以说是同步的,思维敏捷、逻辑性强,说话时才能语言顺畅,并确保说话的内容具有条理性;想象能力的提高,既能够使学生有话可说,又能够帮助学生把内容说得生动有趣。

3. 利用语文教学的各个环节有意识地培养学生的口语表达能力

利用中学语文教学的各个环节有意识地开展口语交际教学,对于学生口语交际能力的提高也有重要的促进作用。比如,在课前说话活动中,要鼓励学生以自己平日的见闻感受为主要内容进行说话,从而使学生的口语交际能力得到迅速提高,真正实现口语交际教学的目的。

（五）实践性原则

口语交际是一项实践性很强的活动,因此在开展中学语文口语交际教学时必须遵循实践性原则。也就是说,在开展中学语文口语交际教学时,要安排大量时间,创设具体的交际情境,并要教会学生如何根据交际目的场合和对象来进行恰当有效的交际,指导学生在实践中成功地实现交际意图,促使每名学生的口语表达能力都能得到全面的发展。

（六）情境性原则

一定的情境是学生增强生活体验、激发思维与口语表达的环境条件和动力源。因此,在开展中学语文口语交际教学时,情境性原则也是必须要遵循的一个重要原则。为此,中学语文教师在口语交际教学过程中要特别注意以下两个方面。

第一,在开展中学语文口语交际教学时,中学语文教师要尽可能为学生营造接近生活实际的交际环境,以便学生能够在有效捕捉说话内容的基础上,更准确、生动地进行表达。

第二,在开展中学语文口语交际教学时,中学语文教师要注意激发学生的表演欲望,并指导学生有效参与到交际的角色表演之中,继而促使学生的口语表达能力得到有效提高。

二、中学语文口语交际教学的常用方法

中学语文口语交际教学的方法,大致来说可以细分为以下两类。

(一)培养倾听能力的方法

在中学语文口语交际教学时,要有效培养学生的倾听能力,可借助于以下几种有效的方法。

1. 聆听训练法

所谓聆听训练法,就是训练学生耐心专注地倾听说话人话语的一种方法,对于学生养成良好的倾听习惯有着重要的作用。中学语文教师在运用这一方法来培养学生的倾听能力时,需切实做好以下几方面的工作。

第一,中学语文教师不论是在课前还是在课中,都要重视培养学生的注意力。若发现学生有分心走神的现象,可通过提高声音、进行提问、中断讲课等方式唤醒学生的注意力。

第二,中学语文教师要注意通过向学生介绍导师、名人闹中取静以锻炼自己注意力的故事,来训练学生闹中求静的本领。

第三,中学语文教师要注意训练学生对自己的注意力进行调整与分配,以便在倾听别人说话时不被那些与话题无关的插科打诨所吸引,集中精力捕捉那些最具信息价值的话语。

2. 听写训练法

所谓听写训练法,就是训练学生把听读的材料逐字逐句准确地记写下来,或是训练学生在听读后按规定要求写感想、评论、说明、简介、提要等的方法。这也是有效提高学生倾听能力的一种方法。中学语文教师在运用这一方法来培养学生的倾听能力时,

可以借助于以下几种有效的形式。

第一,中学语文教师可以采用记忆性听写的形式来对学生进行听写训练,即先让学生认真反复地多听几遍,再要求学生把所听到的内容写出来,最后让学生交流自己是怎么记录的。

第二,中学语文教师可以采用记录性听写的形式来对学生进行听写训练,即教师发音或播放录音,让学生边听边写,以检验学生是否听得准确、写得正确。

第三,中学语文教师可以采用选择性听写的形式来对学生进行听写训练,即教师读一些具有同音、近音、形近和同义等现象的字词,让学生选择正确的进行书写。

第四,中学语文教师可以采用联想性听写的形式来对学生进行听写训练,即让学生听一段话或一段录音后,展开联想,运用扩散思维完成教师布置的听写练习,这对于学生创造性思维能力的培养也有重要的作用。

第五,中学语文教师可以采用辨析性听写的形式来对学生进行听写训练,即教师在听写的内容里有意识地安排一些错误,训练学生听辨能力,以帮助学生的语感变得更为敏锐。

第六,中学语文教师可以采用概括性听写的形式来对学生进行听写训练,即让学生在听句子、段落或是一篇短文后直接概括内容大意或中心思想。

第七,中学语文教师可以采用整理性听写的形式来对学生进行听写训练,即让学生在听句子、段落或是一篇短文后,找出事物或现象的内在联系,获得比较正确的认识。这对于学生逻辑思维能力的提高也有重要的作用。

3. 听记训练法

所谓听记训练法,就是训练学生把听到的信息运用文字符号迅速地记录下来的方法。这种训练法对学生倾听能力的提高也有重要的作用。

一般来说,听记包括识记(识别和记住事物)、保持(巩固已经获得的经验知识)和再认(再现过去的经验)三个环节;包括瞬时记忆、短时记忆和长时记忆三种类型。此外,在运用这种方法对学生的倾听能力进行培养时,可以先让学生听读句子、句群、语段,听说新闻片断,记录原文,再逐步过渡到听读整篇文章,听说整个事件。记录纲目、要点乃至全文或追记等。

4. 听辨训练法

所谓听辨训练法,就是让学生对听话材料或听到的话语进行思考、辨析,从而得出正确判断的方法。中学语文教师在运用这种方法来提高学生的倾听能力时,可以借助以下几种有效的形式。

第一,辨正误,即让学生分辨听力材料的正确与错误之处。

第二,辨音异,即让学生辨识讲话中的音节、声调、语调等有关声音方面的一些差异。

第三,辨异同,即让学生找出听话材料中的相同点和相异点。

第四,辨美丑,即让学生对听力材料的思想内容、艺术形式等做出美学评论。

第五,辨类别,即让学生根据听力材料中提示的类别特征,辨别同属一类的材料。

需要注意,听辨训练是听力训练中难度较大的一种训练,因此中学语文教师来运用这种形式来提高学生的倾听能力时,要注意加强指导,并要从学生的知识水平和理解能力出发,合理安排,难易适度,以便训练取得良好的成效。

5. 听说训练法

所谓听说训练法,就是把听和说的练习结合进行,听后做复述、评述或说出听话感想的训练方法。中学语文教师在运用这种方法来提高学生的倾听能力时,可以借助于以下几种有效的形式。

第一,听述,即让学生把听到的内容用自己的语言准确而有条理地复述出来。

第二,变说,即让学生根据要求把听到的话由长变短或由短变长,或改变说话的顺序、语气等。

第三,听评,即让学生对听到的内容就中心思想、事件情节、语言表达等方面做出评论。

第四,听后感,即让学生针对听到的话语,发表个人的感想。

6.听测训练法

所谓听测训练法,就是训练学生从听到的话语推测没有听到的话语或言外之意的方法。中学语文教师在运用这种方法来提高学生的倾听能力时,可以借助于以下几种有效的形式。

第一,推测意图,即以说话的内容和说话人的表情、语气等为依据,推断其讲话的意图。

第二,推测结果,即以已知的材料为根据,对可能出现的结论或结局进行推测。

第三,推测说话人的相关信息,即以说话的内容、说话人的用语特点以及说话时的神态、动作等为依据,对说话人的相关信息进行推测,如说话人的身份、职业、性格、爱好等。

(二)培养表达与交流能力的方法

在中学语文口语交际教学时,要有效培养学生的表达与交流能力,可借助以下几种有效的方法。

1.谈话训练法

所谓谈话训练法,就是借助说与听在共同创设的语言情境中相互应答的活动形式来训练学生的表达与交流能力的方法。中学语文教师在运用这种方法来提高学生的表达与交流能力时,要特别注意以下几个方面。

第一,要选择好谈话的开头,一见如故法、扬长避短法等都是可以运用的谈话开头方法。

第二,要选择好谈话的话题,即话题必须是有价值的、双方感兴趣的、与当时情景相符合的。

第三,要明确如何地对话题进行自然转化,既可以在一个话题谈完后沉默片刻,再提出新话题;也可以用过渡性语句来转换话题;还可以直接说"我们转个话题吧"。

2. 故事训练法

所谓故事训练法,就是通过让学生讲故事来训练其表达与交流能力的方法。中学语文教师在运用这种方法来提高学生的表达与交流能力时,要特别注意以下几个方面。

第一,要确保学生所讲的故事有健康、积极向上的思想。

第二,要确保学生所讲的故事有较强的趣味性。

第三,要确保学生所讲的故事有多样化的来源,既可以来自文学作品,也可以来自影视戏剧,还可以来自所见所闻等。

第四,要确保学生所讲的故事有较高的艺术性。

3. 演讲训练法

所谓演讲训练法,就是让学生在公开场合面对较多的听众,针对某一问题或某一事件发表见解、阐明道理等,从事促使学生的表达与交流能力得到提高的方法。中学语文教师在运用这种方法来提高学生的表达与交流能力时,要特别注意以下几个方面。

第一,要指导学生对语音进行有效运用,以便自己演讲的内容能够被所有的观众都听清楚。

第二,要指导学生把握说话的合理语速,并掌握停顿的用法,以便演讲的重要内容能够得到突出。

第三,要指导学生演讲时合理运用表情、神态和动作,以便表达的感情色彩能得到有效增强。

第四,要指导学生形成观点新颖、构思精巧的演讲内容,以便吸引更多的听众。

4. 讨论训练法

所谓讨论训练法,就是通过让学生参与讨论的形式来训练学生的表达与交流能力的方法。中学语文教师在运用这种方法来提高学生的表达与交流能力时,要尽可能在理解课文的过程中,提出某种容易出现歧义的议题,引起争辩,要求学生在短时间内发表个人意见。

5. 辩论训练法

所谓辩论训练法,就是通过让学生参与辩论的形式来训练学生的表达与交流能力的方法。辩论就是围绕同一辩题,双方形成对立观点而组织进行争论,这是一种层次高、难度大的说话训练方式。中学语文教师在运用这种方法来提高学生的表达与交流能力时,要注意从组织准备、辩论技巧和注意事项等方面给予学生具体的指导。

6. 口头报告训练法

所谓口头报告训练法,就是让学生围绕某个问题、某件事情、某项活动的前因后果,向听众做比较完整的口头介绍,继而促使学生的表达与交流能力得到提高的方法。中学语文教师在运用这种方法来提高学生的表达与交流能力时,要注意指导学生选取力所能及的题目,并围绕所选的题目做好充分的准备。

第四节　中学语文口语交际教学设计的要领

中学语文口语交际教学以口语交际中主体参与的形式,可以大致分为独白型口语交际教学、对话型口语交际教学和表演型口语交际教学。由于每一类型的中学语文口语交际教学都有着自身的特点,因而其设计的要领也有所差异。

一、独白型口语交际教学设计的要领

在学生的日常生活中,独白型口语交际的运用是十分广泛的。因此,在开展中学语文口语交际教学时,要重视独白型口语交际教学的开展,以有效培养学生独白型口语交际的能力。

(一)独白型口语交际教学的内涵

1. 独白型口语交际教学的特点

独白型口语交际教学的特点,具体来说有以下几个。

第一,以说话者为口语交际的主体,口语交际目标一般为事先预设,指向明确。

第二,交际的内容相对单一、独立。

第三,交际的结构比较严谨、完整。

2. 独白型口语交际教学的内容

一般来说,独白型口语交际教学的内容包括以下几个方面。

第一,介绍,包括自我介绍、介绍家庭、介绍家乡、介绍朋友、介绍一种动植物等。

第二,陈述,包括说自己的观点、说自己的愿望、说自己的经验教训等。

第三,演绎,包括说笑话、说故事、朗诵诗文等。

(二)独白型口语交际教学的设计要领

在对独白型口语交际教学进行设计时,需要掌握以下几个要领。

1. 确定适宜的口语交际主题

在进行口语交际表达时,应当根据确定的主题对表达内容进行精心挑选。如果口语交际不围绕内容展开,则很容易出现"言愈多而理愈乱"的现象,无法让听者明白自己表达的中心思想,继而导致口语交际的失败。因此,要注意"意"在"言"先,不能随心所欲地漫谈,也不宜经常变化主题。为此,在开展独白型中学语文口语交际教学时,中学语文教师必须要引导学生在表达前确立一个主题,并以该主题为核心展开口语交际。比如,在让学生对一个朋友进行介绍时,要使学生明确意识到介绍的主题是某一个"朋友",与此关系不大的内容便不应出现。

2. 明确口语交际的对象

在进行口语交际表达时,要想取得成效,必须充分考虑到口语交际的对象。因此,在对独白型口语交际教学进行设计时,要重视对口语交际的对象进行明确。需要注意的是,这里所说的口语交际的对象,既包括听众的年龄、身份、职业等,也包括口语交际的目的与场合等。比如,学生在进行竞选发言时,要是听众中有同学、老师和家长代表这三个群体,则发言的内容需要适合这三个不同的群体。

3. 选择切题的口语交际内容

在对独白型口语交际教学进行设计时,选择切题的口语交际内容也是一项十分重要的工作。在这一过程中,要特别注意以下几个方面。

第一,凡是能够说明、突出、烘托主题的内容就选用,否则就舍弃。

第二,要对内容进行适度的精选,即所选题的内容应有明显的特征性和代表性,切不可将与主题有关的材料都表达出来。

第三,要注意内容的新颖性,以便给听者耳目一新的感觉,继而引起听者倾听的兴趣。

4. 设计合理的口语交际表达结构

进行独白型口语交际教学时,为了使表达的内容更有条理,在表达前应当设计合理的结构。通常认为,口语交际表达的基本结构主要有横向结构、纵向结构、时间结构和空间结构四种。

5. 设计恰当的口语交际活动载体

独白型口语交际是以单向的言语输出为主的,而且形式相对比较单一,当个人表达时间过长时很可能会引起听者的疲倦。因此,设计恰当的口语交际活动载体,以任务驱动的方式引发学生的自主表达就显得十分重要。比如,在开展讲故事活动时,可以设计"故事大王"评选活动,让学生不仅听故事,而且进行互动评选。如此一来,学生参与活动的兴趣便会大大增加。

二、对话型口语交际教学设计的要领

对话型口语交际是由两人或多人参与的、双向或多向的,以口语为载体的信息交流活动,也是生活中使用最广泛、最简便的言语交往形式。问答、商量、电话交谈、访谈、讨论、购物等,都属于对话型口语交际。

(一)对话型口语交际教学的内涵

对话型口语交际教学是一种以"对话"为核心,体现交际双方你来我往的互动过程,需要双方互相配合进行言语交流的活动。在中学语文口语交际教学中开展这种教学活动,目的主要有以下两个。

第一,培养学生的"听话"能力,让学生学会认真听别人讲话,并努力理解对方讲话的主要内容。

第二,培养学生"说话"的能力,即要促进学生表达能力的有效提高。

(二)对话型口语交际教学的设计要领

在对对话型口语交际教学进行设计时,需要掌握以下几个要领。

1.要与现实生活相适应

在对对话型口语交际教学进行设计时,必须要适合现实生活,即要做"生活化"的对话型口语交际教学。这样做能够避免无意义的"假对话",从而真正促进学生口语交际能力的提高。

2.要设计好"听"的教学环节

在实际的口语交际过程中,"听"在很大程度上影响着口语交际能否成功。因此,在对对话型口语交际教学进行设计时,必须要设计好"听"的教学环节。具体来说,这一环节的教学设计应分为如下几步进行。

(1)训练"听"的能力。要运用多样化的训练方式,来促进学生"听"的能力得到不断提高。比如,让学生听一些简单的新闻录音,然后各自提取自己听到的信息内容。又如,让学生听一些采访录音,从中获取被采访者的相关信息。

(2)理解"听"的内容。在听对方讲话时,除了要听清对方的讲话,还必须理解对方讲话的意思。只有这样,才能很好地对对方的讲话做出回应,从而完成一个完整的口语交际。因此,中学语文教师要注意设计一些实用的活动来帮助学生理解"听"的内容。比如,信使活动,即教师让学生分小组讨论一个问题,然后每个小组派出自己的信使到其他组去,告诉他们本组的意见并带回其他组的信息。

(3)鉴赏"听"的结果。鉴赏是在理解的基础上进行的,即要想对"听"的结果进行鉴赏,首先要理解"听"的内容。为此,这一阶段的口语交际教学设计可以让学生欣赏一些交流视频或辩论实录,并让学生自由发言,各自说说觉得其中哪些对话说得妙,妙在哪里,从而学会积累一些经典的对话,并能灵活运用于日常生活中。

3.要设计好"说"的教学环节

在实际的口语交际过程中,"听"之后的动作便是"说",即表达。只有表达条理、适当,口语交际才能顺利进行。因此,在对对话型口语交际教学进行设计时,必须要设计好"说"的教学环节。具体来说,这一环节的教学设计应特别注意以下几个方面。

第一,要注意根据不同年级的学习,选取一些合适的绕口令,让学生结合语音进行学习,以帮助学生养成良好的发音习惯。

第二,要注意设计一些限时的口语练习,让学生在限定时间中做出恰当合适的回答。这对于学生思维能力的提高有着重要的作用。

第三,要注意设计多样化的形式来促进学生言语组织能力的发展。比如,复述这种形式对于提高学生的言语组织能力就有着重要的作用,即让学生在听完一段新闻或故事后,用自己的话组织所听内容,复述一遍。

三、表演型中学语文口语交际教学设计的要领

表演型口语交际是一种兼具独白型和对话型特点的、以语文综合实践活动为主要特征的口语交际类型。表演童话剧、表演课本剧、当众演讲、主持节目等,都属于表演型口语交际。

(一)表演型口语交际教学的内涵

表演型口语交际教学倾向于"表演"二字,即重在使学生通过参与表演活动来提高自身的口语交际能力。这一类型的口语交际教学相对于独白型口语交际教学和对话型口语交际教学来说,要更为丰富多彩一些,因而更容易引发学生的参与兴趣。

(二)表演型口语交际教学的设计要领

在对表演型口语交际教学进行设计时,需要掌握以下几个要领。

1. 要从实际出发进行设计

从实际出发进行表演型口语交际教学设计,就是说所设计的表演型口语交际教学不能与学生的学习、生活实际相脱离。为此,在具体进行表演型口语交际教学设计时,以下几方面要特别予以注意。

第一,表演型口语交际教学设计必须贴合学生的学习和生活状态,并要兼顾学生的学习阶段,能够以不同年级的学生学习特

点为依据对教学方式进行有针对性的设计。

第二,表演型口语交际教学设计应注意选择学生熟悉的、感兴趣的、对学生有教育作用的内容,以有效调动学生参与教学的积极性与主动性。

第三,表演型口语交际教学设计应遵循循序渐进的原则,即要依据学生的年龄特点和学习规律,依照各学段口语交际目标要求,所设计的表演应当难易适度,并要注意在学生可以接受的范围内增加表演的难度。

2. 要因地制宜地进行设计

随着社会的不断发展,我国地域差异越来越小,地区的发展水平差异也越来越小。但不可否认的是,地区之间的差异仍然存在。而地区之间的差异,在教育方面会有突出的表现。这就决定了在设计表演型口语交际教学,必须重视因地制宜。比如,在乡村学校,由于环境、硬件设施等条件的限制,学生的课外活动比较单一,文艺表演或者其他各种文艺比赛相对较少,以课堂学习为主。由此,学生们得到口语交际练习表演的机会较少,往往在乡村课堂形成一种学生对表演不感兴趣的现象。这就要求乡村语文教师在做表演型口语交际教学设计中充分尊重学生的主体地位,让学生成为课堂中的主人,教师参与少一点,学生参与多一点,才能使口语交际切实有效。

此外,要因地制宜地进行表演型口语交际教学设计,还可以尝试根据地方文化特色开展口语交际教学,让地方风俗走进口语交际的课堂。如此一来,表演型口语交际教学的内容便能得到大大丰富。

3. 要针对学生的个性进行设计

在开展表演型口语交际活动时,往往能够对学生在学习以外的闪光点进行挖掘。为此,中学语文教师在开展表演型口语交际教学的过程中,要注重观察学生,及时发现学生的个性亮点、特长。如此一来,中学语文教师在往后的口语交际教学设计中,就能确保设计出与学生的个性相符合,继而引导学生形成良好的个性。

第五节 中学语文口语交际教学策略的设计

中学语文口语交际教学策略的有效设计,能够促使中学语文口语交际教学顺利开展并取得良好的成效。就当前来说,在设计中学语文口语交际教学的策略时,应具体包括以下几方面的内容。

一、中学语文口语交际话题选择策略的设计

话题是中学语文口语交际教学的主线,而且以话题为纽带,在真实情境中把交际双方紧密地联系到一起,重在培养学生倾听、表达、应对的交际能力,从而使学生具有文明和谐地进行人际交往的素养,是中学语文口语交际教学的一个重要目的。因此,在设计中学语文口语交际教学的策略时,话题选择策略的设计是不容忽视的一个方面。具体来说,在设计中学语文口语交际的话题选择策略时,要特别注意以下几个方面。

第一,所选择的口语交际话题要与学生的年龄特点、认知水平、兴趣等相符合,与学生的生活相贴近,以便学生有话可说,愿意交流。继而积极主动地参与到口语交际活动之中。

第二,所选择的口语交际话题要对学生有现实意义,以便激起学生的思想火花,产生热烈的交流气氛。

第三,所选择的口语交际话题要有针对性,能切实促进学生口语交际能力的提高。

第四,所选择的口语交际话题既要来自教材,又要高于教材,即所选择的口语交际话题要与教材的阅读教学内容以及单元主题、文体等相关,并要依据实际情况进行相应的修改。

第五,所选择的口语交际话题应是多元的、开放性的,既可以来自学生的家庭生活、学校生活、业余生活,也可以来自社会热点问题等,以有效拓展学生思维的广度和深度,促进学生口语交际能力的提升。

二、中学语文口语交际情境设置策略的设计

中学语文口语交际教学与阅读教学、写作教学相比,一个特别之处便是要创设情境、营造氛围,使学生产生"如入其境"的亲历感、现场感和对象感。只有在这种情境中,学生以交际互动为主要特征的口语能力和听知能力才能得到有效锻炼。因此,在设计中学语文口语交际教学的策略时,情境设置策略的设计也是不容忽视的一个方面。具体来说,在设计中学语文口语交际的情境设置策略时,要特别注意以下几个方面。

第一,在设置口语交际的情境时,要切实从学生的生活实际入手,以便学生在口语交际情境中产生身临其境、似曾相识的感觉,继而更加积极、主动地参与到口语交际活动之中。

第二,在设置口语交际的情境时,要确保其具有适度的自由性、民主性与平等性,以便所有的学生都能参与到口语交际活动之中。

第三,在设置口语交际的情境时,要确保其具有生动性和逼真性,以便充分调动学生内在真实的情感体验,激发他们强烈的表达欲望,促进其思维能力与表达能力的提高。

第四,在设置口语交际的情境时,要注意多样化情境的设置,以便通过让学生在不同的社会生活情境中进行口语交际,促进其口语交际能力的不断提高。

第五,在设置口语交际的情境时,可以借助于音像、图片等电子媒介营造真实自然的口语交际情境,以便学生能够更为积极地参与到口语交际活动之中。

三、中学语文口语交际互动策略的设计

参与交际的人不仅要认真倾听,听懂对方的交流信息,抓住对方交流信息的要点,而且还要适时接话,谈谈自己的意见和想法。也就是说,口语交际是听与说双方的互动过程,是语言信息的往来交互。因此,在设计中学语文口语交际教学的策略时,互动策略的设计也是不容忽视的一个方面。具体来说,在设计中学语文口语交际的互动策略时,以下几个方面要特别予以注意。

第一,要重视师生互动,即中学语文教师必须转换角色,与学生平等交流,不能以自己的权威抑制学生表达的欲望和思想的火花。

第二,要重视生生互动,即中学语文教师在开展口语交际教学时,要合理地安排与组织同桌之间、前后座位之间、小组成员之间的互动与交流。

第三,要重视群体互动,即中学语文教师在开展口语交际教学时,要合理地安排与组织小组与小组之间或全班学生共同参与的活动方式。

四、中学语文口语交际示范策略的设计

由于学生总是以教师的表达为范式的,因此在中学语文口语交际教学中,教师的示范起着十分重要的作用。这就决定了在设计中学语文口语交际教学的策略时,示范策略的设计也是不容忽视的一个方面。具体来说,在设计中学语文口语交际的示范策略时,以下几个方面要特别予以注意。

第一,尽可能体现中学语文教师参与口语交际的主动性。

第二,尽可能体现中学语文教师的语感敏锐性与领悟、辨析能力。

第三,尽可能让中学语文教师使用准确、简练、畅达、生动、略带幽默感的语言。

总的来说,在中学语文口语交际教学中,凡是中学语文教师要求学生做到的,自己大体上都能先做到且要做得更好。

五、中学语文口语交际指导策略的设计

在中学语文口语交际教学中,教师的指导对于学生口语交际活动的顺利开展以及口语交际能力的提升都有着重要的作用。因此,在设计中学语文口语交际教学的策略时,指导策略的设计也是不容忽视的一个方面。具体来说,在设计中学语文口语交际的指导策略时,以下几个方面要特别予以注意。

第一,要指导学生悉心倾听。口语交际的第一步是"听",因而中学语文教师在开展口语交际教学时,必须指导学生学会倾听,不断提高倾听的能力。为此,中学语文口语交际教学必须把教会学生"怎样听"作为教学的主攻方向。

第二,要指导学生组织表达。在口语交际中,表达也是一个十分重要的环节。因此,中学语文教师在开展口语交际教学时,也要重视指导学生组织表达。在这一过程中,中学语文教师既要指导学生表达的内容,也要指导学生表达时的语气、语调等。

第三,要指导学生领悟交际。倾听与表达的最终目的,是顺利地与他人进行交流,但是会听、会说未必能使交谈者之间的沟通顺利地进行下去。因此,中学语文教师在开展口语交际教学时,也要指导学生掌握一定的口语交际技巧。例如,如何处理口语交际中的尴尬局面、如何运用体态语使交际更为顺畅等。

六、中学语文口语交际评价反馈策略的设计

要确保中学语文口语交际教学落到实处,不断提高中学语文教师开展口语交际教学的质量,评价与反馈工作是不可或缺的。因此,在设计中学语文口语交际教学的策略时,评价反馈策略的设计也是不容忽视的一个方面。具体来说,在设计中学语文口语交际的评价反馈策略时,以下几个方面要特别予以注意。

第一,评价方式既要重视阶段性评价,也要重视即时性评价,以便及时掌握口语交际教学的开展情况以及学生的实际学习情况,继而以此为依据调整或改变教学策略,以便教学取得更好的成效。

第二,评价视点既要关注语言因素也要关注非语言因素。在语言因素方面,不仅要借助评价激活学生语言储备,规范口头用语,还要借助评价,培养学生语言的应变性和得体性。在非语言因素方面,要把交往态度、习惯、方法、沟通能力、处事能力等也置于评价的视野,以全面完成口语交际教学的任务。

第三,评价应以鼓励性评价为主,以便学生在获得富有建设性的反馈信息的基础上,口语交际能力得到不断改善与提高。此外,在采用批评性评价时,要力求具体,避免空洞,以便让学生真正把握其口语交际方面的缺点,并有针对性地进行改正。

第九章　中学语文写作教学及其设计探究

在现代中学语文教学中,写作教学一直占据着十分特殊的地位。一方面,培养中学生的写作能力是中学语文教学的重要任务,而从现实情况来看,相较基础的语文知识而言,不少中学在作文上存在诸多问题,如写起作文来愁眉不展,不知道如何开始。另一方面,还有一些中学语文教师在写作教学上还遵循着传统的作者布置一篇作文,出个题目,让学生开始作文,最后学生胡编乱造一番交差了事。这些都导致中学语文写作教学质量不高等问题的出现,针对于此,开展科学合理的语文写作教学,并做好中学语文教学设计就十分必要。

第一节　中学语文写作教学的基本理念与主要目标

一、中学语文写作教学的基本理念

随着人们对中学语文写作教学的研究深入,一些学者提出了新的教学理念。

（一）把“教作文”与“教做人”紧密结合

中学语文课程的性质决定了写作教学必须把指导学生写作与铸造学生人格联结在一起。“为做人而作文,以作文促做人”,这就是中学写作教学的价值观,是摆在第一位的价值取向。一个学生写作水平的高低取决于其思想水平、知识结构、生活阅历及文字技巧等诸多因素，而不仅仅是一个写作技巧问题。把"教作文"与"教做人"紧密结合，是写作教学最重要的、语文教师应该始终坚持的理念。它正是中学语文课程的工具性与人文性统一在写作教学中的体现，中学语文课程的性质决定了写作教学必须把指导学生作文与铸造学生人格联结在一起，即通过写作教学让学生既具备人所应具有的一切人文素质，比如情感、态度、意志、精神等，又具备语文课程标准中标明的思想道德素质。

然而在实际的教学过程中，写作教学中的做人教育，多半形成为诚实作文教育，为此，中学语文教师要让学生懂得做人与作文的关系：做人与作文其实是一个浑然不可分割的整体，人的内在思想动态可以通过作文来表现，反过来说，作文活动对于人的品行、德性、情操也存在着相当大的影响。只有二者互为补充、互为促进，才能实现做人与作文的双赢。

（二）写作教学要贴近生活

基础教育阶段的语文"课标"要求学生"多角度地观察生活，发现生活的丰富多彩"。对于写作，还进一步指出，学生的写作"是认识世界、认识自我、进行创造性表述的过程"。中学语文作为基础教育的重要组成部分，也应遵循这一理念，积极引导学生让自己的写作贴近生活。

"生活是语文的源泉"，"语文学习的外延与生活的外延相等"，写作是源于社会生活的，学生是"在社会生活中学习写作"的。在学校与社会生活的联系日益走向一体化的今天，这种写作教学思想可以使学生的写作文本有适用的情境，从而避免了那种闭门造车式的写作给学生带来的消极情绪，不仅为学生喜爱，也为社会所接受。

根据这一理念，教师要引导学生关注周围的生活世界，注意从学生生活实际中提炼写作题目，为学生提供自由发表意见的机会，在培养语言表达能力的同时，通过对作文内容的讨论，促进学生语文素养的提高。同时，中学生自己也要注意从生活实践中摄取丰富而真实的写作材料,只有这样才能在写作过程中自觉融入现实生活,实现写作与生活贴近的目标。

（三）注重学生思维能力的培养

思维能力是概括、间接地认识事物本质规律的能力,是写作能力的重要显现。中学生的思维能力发展特点是非常显著的。抽象思维能力迅速得到发展,思维的品质不断地提升。从小学到中学,学生思维的广阔性和深刻性、独立性和批判性、敏捷性和灵活性等思维品质快速发展,尤其是思维的独立性和批判性发展更为显著,学生逐渐学会独立思考。

写作教学应考虑中学生的思维特点,尊重学生异常的多元思维,比如布置学生写作《"愚公移山"读后感》,既尊重持传统观念者,也尊重反传统观念的搬家论者和开发旅游论者。传统观念反映了意志决定论,主观可以决定客观,是一种文化现象,应予尊重。搬家论者注重的是劳动效率,是基于经济学的价值观考虑,是另一种文化现象,也应予以尊重。

同时,写作教学要注重对学生思维的敏捷性、广阔性、灵活性、深刻性、创造性和批判性等特征的培养。具体来看,一方面在写作教学中教师要加强对学生进行言语训练,学生的思维发展总是和言语分不开的,学生掌握大量的词汇和言语运用规则,并能准确、灵活地使用口头与书面语言表达思想感情,则可使思维活动清晰、系统、有条理性。另一方面在写作教学中,教师也注重培养学生解决实际问题的思维品质,培养良好的思维品质,使学生做到全面地而不是片面地看问题,本质地而不是表面地看问题。

二、中学语文写作教学的主要目标

新课标提出了义务教育阶段的写作教学目标:"能具体明确、文从字顺地表达自己的意思。能根据日常需要,运用常见的表达方式写作。"在这一总目标下,中学语文写作教学的目标应包括下面的内容。

（1）引导学生进行生活化作文练习,观察生活细节,结合自己的独特经历和不同思考,表达自己的真切体验和真情实感,从看似平淡、雷同的生活中找到写作的灵感和动力。在传统的中学语文写作教学中,教师大多十分强调"思想性",希望学生在写作中要表达伟大的理想、积极的意义、高尚的情操等,而忽视了学生本身真实情感的抒发,这种做法扭曲了写作本应有的个人表情达意功能,造成学生作文说假话、大话、空话的现象。在这种情况下,教师应意识到中学生还是少年,在社会化的过程中会遇到酸、甜、苦、辣等种种不同的人生经历,会有各种各样的生活感受和体验,会产生喜、怒、哀、乐等许多丰富的感情。这些感情,很难用一个标准、一个尺度衡量,它们都是真实的存在。作为教师,不能因为抒发了某种情绪就以不具有"思想性"将其否定,而要允许他们对生活有一些片面的理解,允许他们抒发自己的真情实感。

（2）新课标指出:写作教学为学生的自主写作提供有利条件和广阔空间,减少对学生写作的束缚,鼓励自由表达和有创意的表达,提倡学生自主选题,少写命题作文,加强平时练笔指导。中学语文写作教学也是如此,教师在整个教学过程中要将学生放在首位,从学生的角度出发为学生解决"为什么写""写什么""怎么写"的问题,这关乎写作兴趣和写作动力、写作素材的积累、写作知识与技能三个方面。在实际的教学中,很多教师关注的是第三个问题,写作指导多是围绕写作知识和技能进行,对前两个问题不太重视,好像学生自然应该想写,也有的可写。事实上,很多中学生也并不知道如何多角度地观察生活,抓住事物的特征,所以教师要注意以学生为主体,强调学生个人的自由表达,鼓励学生写自己感兴趣的内容、体裁,使学生建立写作的自信心,鼓励学生之间相互沟通,分享写作的快乐。

（3）培养学生观察、思考、表达和创造的能力,写作教学本身是一种学生综合能力的训练,需要引导学生在协作的过程中能够根据表达的需要,确立中心,完成从"事"到"情"再到"理"的发展、提高。考虑到中学生常见的写作文体主要有记叙文、议论文等，因此教师要引导学生掌握记叙的基本技能，如叙事的基本要素、记叙顺序、五种表达方式、常用的人物描写方法等，写作时做到突出中心、叙事具体、描写方法恰当、注意细节描写和修辞的运用；同时在议论文的写作上，要训练学生正确审题、布局谋篇、迅速行文，全面提升写作水平。引导学生将写作与生活进一步融合，将人生的感悟、生命的思考融入写作，自如地运用写作来审视自我、关照他人、体悟人生，追求"我手写我心"的写作境界。

（4）注重写作的应用性、实用性特点。培养学生正确的生活态度，使学生掌握适应各种语境的表达方式，提高对现代生活的适应能力。要重视常见应用文的写作，如日记、书信、随笔、读后感，让学生常练。在小学阶段淡化文体写作，到初中、高中才提出各类文体的分项目标，但主要也是从写作的实践性角度出发，重在交流信息，传达思想，适应社会的需要，为学生将来的生活做好准备。

第二节　中学语文写作教学的原则与一般过程

一、中学语文写作教学的原则

所谓原则，即原理、法则，是人们所要遵循的准则、要求。原则是规律的反映，以原则指导行为，中学语文写作教学就能避免"盲人瞎马"式的低效作用。根据实践验证，我们认为，中学语文写作教学应遵循以下原则。

（一）真实为先

真实是写作的生命。写作不仅是学生自我表达、与人交流的实际需要，更是学生自身的一种独特生命体验，是他们真情的自然流淌。在中学语文写作教学中，教师要注意立足学生的生活实际,唤醒学生习作的主体意识,引导学生捕捉感受、表达真情,让学生在轻松自由的情境中放飞思想,完成习作。

（二）体现学生主体性

《学会生存》指出:"未来的学校教育必须把教育的对象变成自己教育的主体。受教育的人必须成为教育他自己的人;别人的教育必须成为这个人自己的教育。"中学语文写作教学也需要重视这一点,在教学过程中是确立学生的主体地位、培养学生的主体意识和主体能力。这要求教师在中学语文写作教学的过程中,一方面要让学生自己能自觉确定写作学习的目标、选择学习方法、监控学习过程、评价学习结果。具体地说,学生自己学习写作的动机是自我驱动的,学习写作的内容是自己选择的,学习写作的策略是自主调节的,学习写作的时间是自我计划和管理的,学生能够主动营造有利于写作学习的物质和社会条件,并能对写作学习结果做出自我判断和评价。另一方面要引导学生能根据社会的要求、未来的需要自觉参与学习,以自己已有的知识经验、认知水平和情意结构去主动同化教师的教育影响,使新旧写作经验进行新的组合,从而实现自己写作整体素质的提高。

（三）循序渐进

写作是一项重要的技能,同时也是需要长期训练才能掌握的技能。因此,中学语文写作教学要遵循循序渐进原则,必须由浅入深、由简到繁、由易到难,一环紧扣一环地进行训练,才能有效培养、提高学生的写作能力。要做到这一点,教师要先注意引导学生打好基础,通过各种语言知识、词汇训练、思维引导等不断拓展学生的语文素养,并引导其将自己掌握的文学素养运用书面表述的形式展现出来,这样才有助于学生写作能力的提高。

（四）重视合作

合作可以使具有不同的智慧水平、知识结构、思维方式、认知的成员可以互相补充。在中学语文写作教学中,重视合作可以让学生之间、师生之间相互启发、相互补充,相互实现思维智慧上的碰撞,从而产生新的思想,得到理想的教学效果。

传统的中学语文写作教学模式,只限于教师一人传授,学生集体被动地接受在合作性写作教学中,强调的是学生与学生、教师与学生的多向交流合作。首先从学生与学生的合作来说,学生可以自愿组合或教师按座区(座区的排定已考虑到性别的平衡,不同成绩层次的学生的平衡等因素)划分学习小组,小组成员间个体与个体合作学习。教师布置相同的学习任务,例如在众多范文中评选最佳的,或修改、评价某一篇文章,通过个体与个体的交流,分享合作的成果。其次从学生与教师的合作来说,教师布置分配完学习任务后,可以以个体的身份,走入学生中,或与学生个体交流,或与小组集体交流参与学生的合作学习,提出指导性意见。例如评价同一篇文章,不同个体、小组有不同的角度,教师的参与客观上起到"导"的作用,启发大家继续探讨。仁者见仁,智者见智,在个体交流、小组交流充分的基础上,教师谈自己的观点,使学生心中更明朗、更系统。

（五）走开放式道路

目前我们正处于一个急速转型、更加开放的新时代,我国的基础教育自然也要随之"转型",走开放性的道路。教育家叶澜认为,现代学校的"开放"应有两个角度:"一个是向外的,对网络、媒体的开放,对社区、社会的开放以及学校间、相关教育机构的相互开放;另一个是向内的,在管理上向师生的开放和教育教学活动中向学生发展的可能世界开放。"(叶澜,2002)

中学语文写作教学长期以来受应试教育的影响,忽视了教学的开放性,而一味封闭在课堂教学中,针对于此,中学语文写作教学必须不断提高自己的开放性。从实践来看,目前,在新一轮课程改革中积极提倡的综合实践活动课程、研究性学习形式为开放性写作学习提供了有效的平台。综合实践活动是基于学生的直接经验、密切联系学生自身生活和社会生活、体现对知识的综合运用的实践性课程。研究性学习是学生基于经验与兴趣,在教师指导下,从自然、社会和学生自身生活中选择和确定研究专题,主动地获取知识、应用知识,解决问题的探究性学习方式。它们都强调从课堂走出,走向社会、自然,走开放性的学习道路;近年流行的作文训练形式——话题作文,为开放性写作学习开创了新的路子。话题作文倡导“三开放”:写作范围的开放——以话题为文;写作文体的开放——淡化文体;写作要求的开放——降低审题难度。由于话题作文“开放性”的特征,所以成为当前高考作文题型的首选。

二、中学语文写作教学的一般过程

写作教学过程和阅读教学过程一样,是中学语文教学非常重要的内容,也深受基础语文教育界的关注。而中学语文写作教学过程开展得是否合理直接影响其教学效果,因此科学安排语文写作教学的过程在中学语文教学中也占据十分重要的地位。从实践情况来看,我国目前主要采用的语文写作教学过程大致上由命题、指导、批改、讲评四个阶段构成。

(一)命题

写作的第一步是命题,命题是定题的一种方式,是教师出题目给学生,学生按照教师的题目写作。这种方式能直接体现写作教学的意图,可以避免学生的写作偏向某一方面;利于学生思想的迅速集中,在短时间内朝向一个目标思考;利于密切配合读文教学,巩固和发展阅读收获;利于学生间互相评价和批改。但与此同时,命题写作也容易使学生陷入为写作而写作的困境,为了完成命题作文的写作,他们可能脱离实际,硬着头皮胡乱拼凑文章。考虑到这些方面,教师在制定命题时必须注意以下方面的内容。

（1）命题要有生活价值,要学了有用,于学生自己有用,于社会有用。在应用方面,只要命题没有消极作用,教师就应该放手让学生去写一些日常应用的文章。

（2）通常我们可以看到,由于随意命题,离开或者不切近学生的思想和生活,也就迫使学生不求锻炼,但图交卷完事,于是敷衍成篇,不仅于提高写作水平毫无助益,而且徒增厌倦心理,无益而有害。因此命题要切合学生的思想和生活,只有这样他们才有事可记、有物可状、有理可说、有情可抒。

考虑到中学生的生活领域已经扩展到家庭、学校、社会和自然界各个方面,所以如下一些生活内容大都可在命题范围之内（表9-1）。

表9-1　中学生命题作文题材领域及其内容

题材领域	题材内容
自己	身体、见闻、性格、爱好、特长、志愿、理想等
家庭生活	父母、兄弟姊妹、起居饮食、学习、娱乐、环境等
学校生活	学习（阅读、写作、计算、思考、实验、测量、采集、歌唱、绘画、考试等）、老师、同学、文娱活动、体育活动、劳动、校园、校风等
社会生活	邻居、街道、交通、服务行业、物质生活、精神生活（道德规范、纪律法制观念、人际关系等）、英雄模范行为、科学技术、文化艺术、社会风气等
自然界	山、水、原野、田园、日月星辰、风云雷雨等

（朱绍禹,2015）

（二）指导

语文教师对中学生的写作指导大致上可分为取材指导、构思指导、指导修改三方面的内容。

1. 取材指导

取材指导是关于写什么的指导。取材的过程往往也就是立意的指导过程,有了题材,同时多半也就有了认识。教师对中学生选取题材的指导大致上可通过以下两条途径开展。

（1）指导学生接触生活,感受直观,取得第一手材料,形成新经验。这条途径可以使学生有题材可写,有思想要表达,能激发写作积极性和主动性,而且可使学生受到多方面的锻炼,使多种训练因素得到统一,使多种训练形式得到联合运用。而为了达到这一目的,教师要指导学生学会观察事物、思考事物,使他们逐渐学会观察的方法和思考的方法。

（2）指导学生回忆生活,引起联想,重现直观,借助已有的旧经验。在指导学生取材时,每题都引导学生走向实地,既为事实所不许,也没有必要。真正观察、体验的功夫,主要靠平日养成。实际上不论哪个中学生,对花草树木、鸟兽虫鱼的形态和变化,对于事物的特征和动态,对于人物的容貌和心理,都会有一定的观察和认识,都为作文做了准备。因此,在指导取材时,教师要注意引导他们回忆自己的旧经验,从中获取题材。

2. 构思指导

构思就是打腹稿,它直接关系写作的顺利与否。对于中学生来说,提笔之前往往只产生了笼统的想法,文章内容的结构,往往是边思考边组织。在写的过程中,想法还会有发展变化,思路是不断明确的。我们要求落笔之前构思,一般的只能是初步的轮廓。因此中学生的写作构思也需要教师的指导,考虑到写作教学的实际情况,教师需要指导学生想出文章的开头、中心和结尾三个部分的轮廓,然后按照这个顺序去写。指导构思,就是指导学生在头脑里整理材料。写作前,教师应指导学生把要表达的意思整理成一个纲要,既利于材料的取舍,又利于成序。对思路不清的学生,在确定了观点和材料之后给予构思的指导,尤其要紧。经过构思指导,要逐渐使学生养成整理思想的能力和习惯。

一般来说,最常见的构思指导就是列提纲。写作之前的提纲,就像盖房子之前的图纸一样是一个计划,可以让中学生明白开头写什么,结尾写什么,先写什么,后写什么。这样写作就容易做到一气呵成,有中心、有重点、有条理。否则很有可能出现层次不清,详略不当,重点不明,丢三落四的现象。

指导学生列提纲可以先让学生构思自己想写什么主题？想写什么文体？是记叙文,还是议论文？如果写记叙文,一般来说,多是"总—分—总"结构,记叙文的结尾要注意抒情和总结哲理。如果是写议论文,最好是"1—3—1"或者"1—4—1"结构,中间的3或4是指论据或分层解析,也可以采取夹叙夹议的写作手法。

3. 指导修改

学生写作,教师改作文,是传统的写作教学方法,但并不完全是科学的方法。从教育方法论的角度看,它只有很有限的教育作用。学生写作,教师改作文,学生自己不改,是中学生写作水平提高缓慢的重要原因之一。写作教学本是指导改和指导作不可分的,既指导作又指导改,才是健全的写作教学,才会是富有成效的写作教学。因此,指导学生在写作过程中进行修改也是写作教学中必须重视的内容。

在写作过程中,除可继续就取材、立意和构思、文体等方面给以指导外,还应涉及确定文章题目(选题作文)和用字、遣词、造句、修辞的指导,同时也有必要就书写格式及学生提出的问题给予指导。写作的书写格式、标点符号的使用等,似乎是小问题,其实是关系正确的书写态度和良好的写作习惯的事,不应小看。此外,还要特别提出的是,要指导学生把长文章改短,即让他们缩写自己的文章。通常以为学生能把文章写长些好,甚至把文章写得长看作是作文能力强的一个尺度。作文的篇幅长和作文的能力强,确实有其一致的方面;但是,应该了解,短文往往更难写,短小精练的文章,需要作者有更高的写作能力,也更适应社会需要,因此,作文训练的侧重点也应该移到写短文方面来。

（三）批改

作文批改是写作教学的一个重要环节,它是对学生语文写作教学结果的一种检验,也是对学生作文的一种指导,其教育意义是显著的。作文批改,首先应该遵循写作教学的一般原则,同时也有一些属于批改范围内的要求需要注意。一般来说需要重视以下方面的事项。

（1）教师提示学生批改。在传统的中学语文写作教学中,作文的批改大多是由教师完成的,学生完全脱离其外,这不利于学生的写作成长。因此,在今天教师批改学生的作文,应该以指导学生批改为主,教师批改为辅。凡是学生能改的,教师不改,指导学生改;学生不能改的,教师可以又改又批,仍然启发他们思考。

（2）须知教师改文的目的,主要的不在于使学生意识到一个个具体问题,而在于懂得作文之道,包括让学生自行改文之道。教师改得多,代替他们,他们便不能自觉地认识到,认识不到,作文能力就难以提高。因此在指导学生批改的同时,教师也要动手改。学生的批改能力有限,他们认识不到的,就要由教师改动。教师的改文要体现多就少改的原则,改动要尽量保留原文原意,非改不可的地方才改。

（3）批改中最易犯的毛病之一,是面面俱到,无一重点,分散学生的注意力,使他们不知从何改起。因此在作文批改中,教师要侧重一个方面、围绕一个中心,力求给学生留下深刻的印象,使以后的作文有所改进。批改的中心,要根据每次作文的目的要求和学生的实际来确定。

（4）在批改中,既需要书面批改,又需要当面批改,它们互相配合,可以发挥更大的作用。

（四）讲评

作文讲评,是一次语文写作教学的最后一步,它对学生有着很大的吸引力。讲评得好,对学生克服缺点,发扬长处,力争上进,有着独特的教育作用。作文的批改和讲评,可说是作文结果的反馈。通过批改和讲评,让学生知道反应的结果,既能强化已习得的反应,又可提高下一步的学习。

对于中学语文写作教学而言,作文讲评应满足以下要求。

(1)选取的事例有普遍性。讲评要能代表共同性倾向。这样,才能触及多数学生的写作甘苦,引起他们的共鸣,才能使他们有所领悟,有所改进。不要故意选取极端的材料,不要引用滑稽可笑的例证,以避免肤浅化、庸俗化。

(2)评价的内容应不限于作文本身,还应包括写作态度和习惯;它应是认识、经验、技能和行为的综合评价。

(3)发挥学生的积极性。讲评也可以由学生进行,这既可使学生更好地意识到作文的要领,又能学会评价作文的标准和方法。但要学生讲评得好,一要学生熟习本次作文的内容,二要教师给予必要的帮助。

(4)态度热情恳切,形式生动活泼。热情恳切,生动活泼,才能激起学生的兴趣和责任感,使他们自觉地把讲评的内容印入脑中,在以后的作文实践中努力改进和提高。不要像做鉴定一样,更不要取笑或挖苦。

(5)有重点,有中心。每次讲评都要根据本次作文的目的和要求,着重解决一个带普遍性的问题。切不要枝枝蔓蔓,分散目标,影响基本目的的达成。

第三节 中学语文写作教学的方法与策略

一、中学语文写作教学的方法

一般来说,中学语文写作教学的方法主要是在传授学生必要的写作知识,如写作的基本规律、写作技法、文章文体特征等的基础上,对学生进行写作训练,对学生进行写作训练的方式多种多样,灵活多变的方式不仅会让学生在体验不同写作方式的同时增加学习写作的兴趣,更会让学生了解不同方式的特点和要求,以开拓视野,发展思维。这些训练方法主要有以下几种。

（一）模仿写作训练

这是最常用的写作教学方法,及时采取已有的形式,利用原有的语言材料,让学生加上自己的思想进行写作。模仿是学习写作的基本途径,因而看重范文的作用。其结构主要包括仿写、改写、借鉴、博采四个依次递进的层次。

仿写就是按照范文的样子（包括内容）来"依样画葫芦"的训练。主要有仿写范文一点的点摹法和仿写全篇的全摹法两种形式。

改写是对范文的内容或形式进行某种改动,写出与原作基本一致而又有所不同的新作的训练方式。包括缩写、扩写、续写,变形式改写和变角度改写等几种形式。

借鉴是吸取范文的长处,为我所用,来写出有新意的文章的训练手段。具体方式有貌异心同,词同意不同和意同词不同等三种。

博采是博采百家之义,训练学生从多篇文章中吸取营养,经过一番咀嚼、消化,然后集中地倾吐出来,写成自己的文章。这样,就已完成了从模仿到创造的过渡任务。

（二）单项作文训练

这就是我们通常所说的小作文,主要是针对学生在写作过程中出现的具体环节进行局部或片段训练。比如,学生的作文普遍存在命题随意或题目不新颖的问题,老师就可以进行"让作文题目亮起来"的专门针对题目的训练;比如,学生的作文中只是叙述,缺少生动的描写和有深度的议论性语句,教师就可以进行表达方式的综合运用的训练。让学生将叙述、描写、抒情、议论放在一起做综合训练,或者直接针对作文的立意、命题进行训练,对于提高学生作文中的文采进行训练,等等。这种训练针对性强,一次作文解决一个问题,目的明确,篇幅短小,易操作,见效快。

（三）材料作文训练

材料作文训练又称供料作文训练、条件作文训练。它是一种半命题性质的作文,即由教师提供一定的材料要求学生根据材料进行协作的训练。材料作文有特殊的综合训练价值。它既有利于培养学生的观察能力,又有利于培养学生的联想想象能力；既有利于培养学生的写作能力,又有利于培养学生的阅读分析能力。由于对同一材料可以进行多角度的写作练习,因此,又有利于促进各种文体的全面训练。

指导学生写好材料作文首先要指导学生正确、全面地理解材料内涵,这是材料作文训练的重要环节。从材料内容看,主要有这样几种类型:事实材料、观点材料、比喻材料、寓意材料。对于事实材料,要进行多侧面多角度的思考。选好合适的角度,提炼出准确而新颖的观点。此外,对于观点材料,则可直接提出作文论点,少数名言警句所蕴含的哲理较深,写作时需精细剖析,把握其真正的内涵,然后概括出一个能够准确揭示其内涵的论点来。

（四）命题作文训练

命题作文训练,即写老师出题目的作文。关于命题的相关内容以及教师制定命题的注意事项在上一节我们已经进行了分析,这里主要探讨一下教师对学生命题作文的指导。

首先,命题设计后,教师应注意不要马上让学生进行写作,而要多和命题对话。可以问一问此题是否让学生有话可写,文章怎么写才会与众不同,是否有些特殊的材料能让作文脱颖而出。除心口对话之外,叶圣陶先生鼓励教师写下水文,这就是以手中的笔和命题对话,这种对话更为彻底、全面,能让教师切身感受命题的难易程度、适应性,从而做好改进工作。

其次,也要做好学生与生活对话。语文的外延就是生活,作文更是源于生活,高于生活,最终也将服务于生活。所以,在具体实施指导之前,应当充分让学生和生活对话,加大素材储备。苏霍姆林斯基就积极倡导办"蓝天下的学校",他甚至一周两次把学生带到大自然中,带到"词源"中去切身感受和学习。在命题指导课前,更应当有意识让学生和生活对话,带他们依据文题需要专项体验生活,有针对性地提高感性认识,这对其下笔习作大有益处。

（五）自由作文训练

自由作文训练就是在规定的时间里,教师引导学生自由地、随意地去写他们喜欢的事情——或真实事物的描写,或内心愿望的表达,或大胆编造故事的一种写作训练方法。

自由作文的自由度和灵活性,符合青少年自由活泼的天性。因而能够激发学生的写作兴趣,发展学生的个性特点,解决学生作文难的问题,使学生更大限度地发展自己的写作才能。在教学中,常见的自由作文形式有:日记、周记、随笔、课外练笔、编报活动等。教师可以根据教育目标、学生的实际情况,选择适合的训练方法。

二、中学语文写作教学的策略

在中学语文写作教学上,除了以上教学方法外,教师还需要掌握一定的教学策略,这些策略主要包括以下几方面。

（一）激发写作兴趣

兴趣,是写作入门的向导。写作教学设计中,教师首先要了解学生的需要和兴趣,设计适合学生的目标,让每一个学生都能在实现目标的过程中获得成功的体验。少做或不做硬性的写作要求,要设法让学生愿意写、乐意写。因为只有当学生的兴趣被充分激发,作文成为其内在的表达需要时,他们才会任自己的思想、感情自然地在笔下流淌。

（二）培养学生积累的习惯

在实践中我们发现,很多学生写作文时很多时候无从下笔,写不出高质量的作文,很多时候就是因为不善观察、缺乏素材,没有养成观察和积累作文材料的习惯。观察一下那些知识渊博的学者、作家、诗人之所以才思敏捷、出口成章、妙笔生花,都是他们不断积累、不断提炼的结果。因此,除了激发学生的写作兴趣之外,教师在教学过程中还要逐步培养学生的积累习惯,使其能有意识地、自觉地捕捉出现在学习、生活中的人、事、景、物,并将之诉诸笔端,养成观察生活、体验生活、记录生活的习惯。具体可做好下面的工作。

（1）提高学生阅读的效果和质量,教学生写读书笔记的方法,逐步养成写读书笔记的习惯。写读书笔记可以有效地积累词句,并且养成良好的读书习惯。

（2）让学生积极参与生活实践,亲身体验。要尽可能地创造机会,组织学生参加一些有益的活动,如春游、参观工厂、公益劳动、兴趣活动、各种比赛活动等,让学生从生活中、从活动中撷取素材,表达自己的所见、所闻、所感。只有这样,学生才会感到有东西可写,文章才显得真实、可信。

（三）培养学生多次修改的写作习惯

优秀的作文不可能一挥而就,要像雕琢璞玉一样反复修改。不少学生虽然平时有大量的练笔,但写作水平仍然没有明显提高,重要原因之一就是没有反复斟酌认真修改的习惯。因此在写作教学过程中,教师要让学生逐渐养成多次修改的习惯。

（四）开展个性化写作教学

新课程倡导在写作教学中尊重学生的个性，注重学生个性的发展、让他们的想象力、创造力能自由地、尽情地发展。为此，教师在写作中要给学生提供写作的空间，解放其思想束缚，开阔其写作思路，使学生在写作中尽情地吐露心声，表达自己的观点。为了实现这一目标，教师可以开展个性化写作教学，即让学生能自主地写作，选用自己喜欢的表达方式写真实的文章，在写作中有所创新。个性化写作教学要从以下几个方面注重学生写作个性的培养。

第四节　中学语文写作教学的具体设计

写作教学目标的达成除了需要教师遵循科学的教学原则，合理规划教学过程，采取积极的、适宜的教学方法和教学策略，还要做好教学设计。中学语文写作教学设计，也称中学语文作文教学设计，是教师为达到一定的写作教学目标，对写作教学活动进行的规划和安排的活动。开展中学语文写作教学设计要以先进的教学理论为指导，从学生作文的实际情况出发，确定作文教学目标，建立作文教学步骤，合理组织、安排作文教学各种要素，最后制订实施方案。

一、中学语文写作教学设计应遵循的原则

一般来说，中学语文写作教学设计需要遵循以下几方面的原则。

（1）学生生理、心理及语言能力的发展具有阶段性特征，语文写作教学设计要遵循学生的身心发展规律和作文学习规律，选择教学策略。

（2）整体考虑作文知识与能力、情感与态度、过程与方法的综合，提倡自主、合作、探究式教学。

（3）教师和学生都是教学过程的主体，师生关系是一种平等、理解、双向的人与人的关系。

（4）在培养写作能力的同时，重视学生高尚的道德情操和健康的审美情趣的培养，使其形成正确的价值观和积极的人生态度。

（5）沟通课堂内外，充分利用学校、家庭和社区等教育资源，拓宽学生的作文空间，增加学生作文实践的机会。

（6）注重积累、思考、感悟和实践，注重基本技能的训练，给学生打下扎实的写作基础。

（7）贴近学生实际，让学生易于动笔，乐于表达，应引导学生关注现实，热爱生活，表达真情实感。

二、中学语文写作教学设计的过程

（一）需求分析

写作教学设计有两层含义：第一层含义是整体的写作教学设计，第二层含义是具体的写作教学设计。整体的写作教学设计是某一学段的作文教学的总体设计，具体的写作教学设计是对某次写作教学的设计。本节主要探讨的是具体的教学设计。而在具体的教学设计中，首先教师要进行需求分析。

泰勒认为课程工作者是靠收集和分析与学生需要和兴趣有关联的资料，而开始寻求教育目标的。各种需要，包括教育的、社会的、职业的、生理的、心理的以及娱乐的，被顺序考虑研究。泰勒建议教师采用观察的方法，包括访问学生、访问学生父母、问卷调查以及作为收集学生资料技术的测试。通过考查学生的需要和兴趣，课程研制者确立一套潜在的目标。教育方面，在作文教学中可以理解为学生在作文指导方面有什么需求；社会方面，作为现代公民,学生应该掌握的基本写作技能是什么;职业方面,各种职业都需要的写作能力是什么;在生理上,写作活动怎样帮助学生形成有利于身体发育的协调动作;在心理上,写作活动怎样丰富学生的情感体验和表达;在娱乐上,写作活动怎样才能充满趣味性,让学生在娱乐中提高写作水平。综合起来,我们需要对学生的写作需求进行三方面的分析:一是指导需求,这是指向语文教师的;二是环境需求,这是指向学生生活的社区、家庭、学校的;三是成长需求,这是指向学生自己的。

（二）确立写作教学目标,制定作文计划

语文课程标准中的写作课程总目标和阶段目标,写作教材中的单元目标,是确定语文教学设计的依据。

弄清楚子目标(下位目标)与总目标(上位目标)之间的关系。根据制定者的不同,目标可分为:教育目的(国家制定);全日制义务教育课程目标(专家制定);作文课程目标(专家制定);作文阶段目标(专家制定);作文单元目标(教师制定);作文课时目标(教师制定)。

在确定了写作教学的目标后,教师需要结合这个目标制定作文计划。在制定计划的过程中,教师一方面要充分研究语文课程标准及其他相关规定,明确此阶段在整个作文训练体系中的地位和作用,明确此阶段要训练的目标和要求,以及达到这些目标的步骤,在此基础上,将阶段目标分解开来,制定出相应的训练计划。另一方面,制定阶段性作文教学计划要深入研究学生,了解学生的作文水平的历史与现状,了解学生作文的整体水平与个体差异,并在此基础上确定既有针对性又有科学性的教学思路、教学方法。对于具体一次课的教学而言,也包括有"制定计划"这一环节,即要在课前充分考虑具体训练目标,充分考虑所命题目能否达到预期目标,还要在课后充分批改与讲评,及时反馈,及时调整,以促成阶段性目标的完成。

（三）选择教学内容，设计教学方法

在有了一定的教学计划后,教师需要结合学生的情况和教育目标选择合适的教学内容。在选择教学内容时,要注意一方面教学内容要为教学目标服务,所以,写作教学内容的设计安排要根据作文教学目标确定。另一方面教学内容要充实,要求通过内容的教学,达到教学目标,完成教学任务,因此,在作文教学设计中,内容不足则须补充,内容冗余则须删减。此外,教学内容还要做到重点突出,难点分散,疑点明确。

为了达到作文教学目标,完成作文教学任务,教师必须科学、合理地设计教学方法的运用。选择教学方法必须有科学的根据,这种选择和配合是遵循作文教学规律和原则的。例如课后练习的方法,就要遵循理论与实际相结合的教学原则,就要遵循在实践活动中掌握知识和形成能力的教学规律。此外,教学方法要适应学生的作文基础条件和个性特征。有的内容,学生已经有了感性认识,教师讲某一作文知识,学生可以直接理解,这种情形就不必使用直观教具进行演示。反之,对于学生缺乏感性认识的材料,就尽量采用直观演示的方法。

（四）编制教学方案

写作教学方案是语文教学设计的书面成果,具有教学的可行性与操作性。教案的主要内容有单元计划、课题计划和课时计划。单元计划课题计划、包括单元题目、教学目标和教学没想,是教案的纲要部分。课时计划包括教学内容、教学步骤和教学方法,是教案的主体部分。这部分内容由于与之前的教学内容、教学计划、教学内容和教学方法有一定重合,为避免重复,这里就不再赘述。

需要注意的是,在完成教学方案的编制后,教师还需要结合具体情况对其进行修改,以便不断完善方案,提高写作教学的实效。

（五）开展作文指导

教师的作文指导活动,在作文前表现为对学生观察、搜集作文素材和编写作文提纲的指导;在作文时表现为对学生审题立意和构思行文的指导;在作文后则表现为对学生的文章进行修改润色的指导。开展作文指导,可以使教师及时掌握学生情况,发现教学活动中各环节的疏漏,也有助于检查教学目标的达成情况,增强学生作文信心,增强训练效果。

开展作文指导,要点面结合,掌握分寸。教师要加强巡视,最好亲自作文,以便对环节可能会出现的问题了然于胸,对共性问题普遍指导,对个性问题个别指导,既指导内容,又指导方法;既要解决问题,又绝不越俎代庖,使教学活动顺利开展。

三、不同类型文体的写作教学设计

在中学语文写作教学中,记叙文、议论文和说明文是最常见的三种文体,这里就对它们的写作教学设计进行分析。

（一）记叙文写作教学设计

记叙文是写人、叙事、状物的文章。记叙文包括通讯、特写、游记、回忆录等。在中学语文课本中,记叙文所占的比重很大,中学生作文选择记叙文的也很多,因此教师需要做好记叙文的写作教学设计。

一般来说,以叙事为主的记叙文以现实生活中发生的、真实的、有一定意义的具体事件作为叙写对象。从理论上讲,可以是社会生活的事件,也可以是日常生活的事件,还可以是自然界的事件。有人把记叙文的表现对象,局限于"社会生活的典型事件"是不太恰当的。诚然社会生活的典型事件有其优越性。首先,典型性,并因其典型性而有普泛意义,这样就赋予了"事件"的现实意义;其次,社会性,并因其社会性而受到人们的热切关注,这样就赋予了"事件"以社会价值。教师在设计记叙文写作教学时要体现教学大纲的要求，要把握记叙文的特点，要考虑到学生的实际水平和接受能力。教学设计，形式应该是多样的，可以是常规型的，也可以是探索型的；可以简约，也可以详尽。总之，要用实用价值，要体现教学改革的精神。例如，教师让学生以"今天中午"为题叙述自己的所见所闻，学生在叙述的过程中可能会提到许多画面，教师就要引导他们将他们在不同画面中的听觉、视觉、感觉表达出来，同时引导他们掌握叙述的节奏，如慢节奏的温馨早餐、快节奏的运动活动等。

（二）议论文写作教学设计

议论文写作要求作者通过摆事实、讲道理，直接表达自己的观点和主张。作者对客观事物解析、评论，以表明见解、主张、态度，通常由论点、论据、论证三部分构成。议论文写作教学在中学语文中虽然比不上记叙文写作的教学，但也是初中阶段语文教学的一个组成部分。因此做好议论文写作教学设计十分必要。

一般来说，议论文写作教学设计首先要做好教师启发。中学生生活在一定的社会环境中，每天都要接触许多人，遇到许多事，听到许多议论，有令人满意的，也有不尽如人意或令人气愤的。同时，他们平时可能获得某些成功，也可能遇到某些困难或失败，这些都会使他们产生种种感受和看法，教师就需要学会启发他们思考。例如用一些值得议论的典型事例或现象让他们思考，并将自己的思考用文字的形式表达出来，最后写成文章。

考虑到议论文中，学生表达观点需要一定的论据支持，教师也要在教学设计中引导学生找到论点和论据。由于中学生的身心发展还不成熟，因此议论水平不会太高，教师要注意不要设置太高的论点，以适应学生的实际水平。

（三）说明文写作教学设计

说明文是以说明某种事物或某种过程为写作目的的一种写作形式。要写好说明文首先要对被说明的对象有充分的认识和了解，分析、比较这一事物和另一事物之间的不同点，把握事物的特点，然后紧紧抓住这一特点加以说明，只有这样，才能把事物说得明白清楚。例如，《我们的学校》就要写出我们的学校与其他学校的不同之处，切忌泛泛而谈。

教师在设计说明文写作教学时，应注意说明文给人以知识，所以学生必须对所要传授的知识有所了解，这也是合理安排顺序的前提。如果对泰山没有比较丰富的知识，自己也没有仔细游览过，即使掌握了关于空间顺序或者时间顺序的技巧，也不可能给人以真正的知识。阐释事理亦然，如对事物本身的逻辑关系若明若暗，也无从安排逻辑顺序了。

此外，说明文和记叙文、议论文都有条理性即顺序安排问题。记叙文中的时间顺序安排，应用极其广泛，写说明文时可有目的、有选择地进行借鉴。另外，记叙文中涉及写景和游记类文字中经常有方位安排的技巧，这也可在说明文中运用。议论文以说理为主，根据事物之间的逻辑关系进行判断推理，和事理说明文中逻辑顺序的安排有相通之处。

第十章 中学语文不同体裁的教学设计探究

在中学课堂中,主要通过对不同体裁文章的学习来提高学生的文学鉴赏能力,因此,教师要进行语文不同体裁的教学设计,让学生在进行文学鉴赏的时候,丰富自己的精神世界,并对文学内容的理解形成自己的独到见解。

第一节 现代诗歌的教学设计

一、现代诗歌的特点

诗歌是以凝练而富有韵律和节奏的语言、强烈的感情和丰富的艺术想象,高度集中地反映社会生活的一种文学体裁。现代诗歌作者特偏爱甚至可以说是更善于运用多种修辞手法,造成了诗歌情绪层次的跳跃性和诗歌意蕴层面的蒙眬多义性,显示出与一般文学作品甚至也与古诗词截然不同的风格和特色,这些特色表现在意境、意象、结构、语言、手法等方面。就入选到中学语文课本中的诗歌而言,主要有如下几个鲜明的特点。

（一）想象丰富

诗歌不仅有丰富的思想感情,而且总是通过生动优美的形象来感染读者,这就需要丰富的联想、大胆的想象和幻想,强烈的情感促使作者进行想象和联想,而想象和联想又加深和强化了情感。现代诗歌中表现出的丰富的想象力,可以推动情感的飞驰,使情感的表达得更为丰富多彩。正因为诗歌有着丰富的想象,所以它能创造出奇特的意境。这种意境是诗人将思想感情与作品中描绘的生活图画融为一体的结果。毛泽东的《沁园春·雪》,就以丰富的想象和博大的胸怀,使二者高度统一。

（二）高度概括

诗歌被认为是一种最凝练的文学形式。诗歌的这种高度概括的特征,主要表现在它一般不要求有完整的故事情节和具体的人物描写,而往往从广阔的社会生活中选择那些最精彩动人的、最能反映生活本质的场景,抓住具有典型意义的细节,加以提炼和升华,在不长的篇幅中,以高度集中的艺术形式去概括反映社会生活,去表达复杂的思想感情,从而收到特殊的艺术效果。

（三）具有音乐的节奏和韵律

诗歌与音乐有着天然的联系,现代诗歌大多具有音乐的节奏和韵律。现代诗歌的节奏,是一种有规律的运动所形成的节拍,即强弱、长短相同的音节所形成的节拍,或者说声音的强弱、句式的长短在诗歌里有规律地出现,就形成了诗的节奏。如舒婷的名篇《祖国啊,我亲爱的祖国》(节选):

我是你河边上破旧的老水车,

数百年来纺着疲惫的歌;

我是你额上熏黑的矿灯,

照你在历史的隧洞里蜗行摸索

我是干瘪的稻穗,是失修的路基;

是淤滩上的驳船

把纤绳深深

勒进你的肩膊,

——祖国啊!

在这首诗中,短短数行诗句,声调曲折变化,节奏明快优美,句式长则近二十个字、短则三四字一行,构成一曲委婉动听、抑扬顿挫的歌。

(四)感情强烈

感情是诗的生命。诗歌主要是通过诗人感情的抒发来反映生活、表达思想、感染读者的,因此,它的这种感情就表现得更为强烈。可见,诗歌需要的是"人情",它要求读者把握诗歌感情的底蕴,能与诗人一起或喜或悲,或怒或奋。正因为一切优秀的诗歌都饱含着诗人的情感,所以它的抒情性很强,情感极深挚。无论是叙事诗,还是抒情诗,诗人都以抒发情感为主旨,或借景抒情,或借物抒怀,都用饱含着丰富的思想感情的笔触,表达自己强烈的意志和情趣。因此,人们都把情感比作诗歌的生命。

二、现代诗歌教学目标的设计

现代诗歌教学目标的设计主要包括以下几方面内容。

(一)知识目标的设计

现代诗歌的知识目标包括诗歌内容知识和背景知识两个方面(表 10-1)。

表 10-1 现代诗歌的知识目标

分类	内容
内容知识	1. 诗歌中所描绘的景物、事物和人物等 2. 诗歌中叙述的事件
背景知识	背景知识包括诗歌内容所涉及的有关知识和诗人创作诗歌时的生活和心理背景知识

现代诗歌知识目标的达成重在理解和记忆。理解的本质是对诗歌语言文字所表达的思想感情的接受和意义建构;记忆的本质是对诗歌所表达的思想、塑造的意境、抒发的情感等在长时记忆中的储存。

（二）技能目标的设计

现代诗歌的技能包括动作技能和智慧技能两种类型（表10-2）。

表10-2　现代诗歌的技能目标

分类	内容
动作技能目标	诗歌阅读的动作技能主要指朗读和颂读技能,其本质是口腔和气管肌肉根据一定规则的协调运动
智慧技能目标	诗歌阅读的智慧技能指运用概念和规则对诗歌语言和意境的感悟、理解和把握

现代诗歌的技能目标分为动作技能目标和智慧技能目标,因此,现代诗歌技能目标的设计也应从这两个方面进行（表10-3）。

表10-3　现代诗歌技能目标的设计

分类	内容
动作技能目标的设计	要能够根据诗歌的感情基调有节奏地朗读全诗
智慧技能目标的设计	1. 要能够感知、领会诗歌词语的意义和色彩 2. 需要根据上下文语境对语句进行分析、推理和想象 3. 根据一定的规则对诗篇的主旨、感情、意象等进行分析探究

（三）方法目标的设计

现代诗歌阅读方法运用的心理本质是一套策略性知识支配着读者对诗歌的认知解读活动,因此,方法目标的实质就是认知策略性知识。在设计方法目标时需要具体包括以下内容。

第一,诗眼揭示策略。

第二,意境探究策略。

第三,主旨把握策略。

第四,诗篇记诵策略。

第五,风格与写法归纳策略。

（四）情感目标的设计

情感目标是现代诗歌教学的重要目标,这是由诗歌的自身特征和学生阅读诗歌的心理特征所决定的。诗歌是诗人情感的外化,诗歌的内核是情感。同时,学生学习诗歌的过程是一个通过语言文字的解读,领悟作品中所表达的思想感情,从而与诗人产生共鸣的过程。因此,通过现代诗歌的教学使学生的情感产生变化是现代诗歌教学的主要目标。

现代诗歌的情感教学目标是要让学生通过诗句的学习获得与诗人相同或相近的情绪体验。这种体验的获得包括接受、反应和共鸣。

1. 接受

接受即能够通过语言文字了解诗歌中包含的思想和情感内容。

2. 反应

反应即能够对诗歌中表达的思想感情进行价值判断。

3. 共鸣

共鸣即形成与诗人相同或相近的情感体验。

三、现代诗歌教学内容的设计

在一节课中,教什么比怎么教更重要。因此,在进行中学语文现代诗歌教学设计时,必须重视教学内容的设计。通常来说,一个较好的中学语文现代诗歌教学设计,需要依靠现代诗歌本身的特点以及学生的状态来确定具体的教学内容。但总体来说,不论何时都应包括以下几个核心内容。

（一）意象与意境

诗歌的意象通常是指自然意象,即取自大自然的借以寄托情思的物象。在一首诗中,意象既可以是一个事物或人物,也可以是多个事物或人物。意象是诗人想象创造的产物,怎样意会诗中的意象,则取决于吟诵者的再造想象。"意境"是指抒情性作品中呈现的那种情景交融、虚实相生的形象系统,及其所诱发和开拓的审美想象空间。诗歌中的诸多意象连在一起,形成一个整体的环境、气氛、境界或情调,就是意境。在普通读者心目中,现代诗只是词语与词语的连接,语文教师的脑海里,却要有意象与意象的组合,因为这些组合担负着表达诗人思想感情的任务。值得提示学生的是,诗人把特定的情感赋予特定的事物,久而久之,这些事物就作为固定的"意象"被确定下来,代表特定的情感。这些意象往往带有较强的可辨识性,比如枯叶秋风往往代表着悲伤,春草春阳往往显示着旺盛的生命力。在进行现代诗歌教学时,教师必须遵循"由意取象"的原则(即结合背景,细读文本,确定文意,再寻找诗中的哪些事物是与文意相符合的),引导学生寻找意象,并深入体会这些意象所构成的意境。

（二）情感

凡是文学艺术都离不开情感,但相对而言,小说以人物形象、故事情节来含蓄、委婉地流露情感;散文往往以经历、见闻,来借景抒情、托物言志;戏剧则借助矛盾冲突、场景再现来表达情感。这四种文体中,只有诗歌承担的情感最直接、最开放、最自由、最精致。因此,在进行现代诗歌教学时,教师要注意引导学生体味诗中的情感,并找到其在当下的价值,最终达成对学生情感熏陶的目的。

（三）语言

现代诗歌的语言通常都具有音乐美、跳跃性和凝练性三个鲜明的特点。它意蕴深沉、丰富,往往字里行间既有言内之意,又有弦外之音。读诗只有挖掘和推敲诗的语言,这样才能理解诗歌蕴含的深意,深入领会诗歌中丰富的内涵。因此,教师在进行现代诗歌教学时,要引导学生对诗歌的语言进行分析,从而在提高学生语言鉴赏力的同时,进一步丰富自己的语言知识,提高自己的语言运用能力。

在这一过程中,教师还要引导学生掌握现代诗歌的修辞手法。现代诗歌常常运用生动的比喻、拟人和合理的夸张等修辞手法,来表达诗人丰富的思想感情,增强语言的艺术性和感染力。比如,《回延安》中把延安比作母亲,就自然贴切,它将诗人对延安的思念升华为儿子对母亲的思念,感情浓烈,真挚动人。

四、现代诗歌教学设计的基本策略

中学语文现代诗歌教学设计的策略,具体来说有以下几个。

(一)多角度解读诗歌

在进行中学语文现代诗歌教学设计时,应注意多角度对现代诗歌进行解读。也就是说,教师一定不要用固定的主题和标准答案来限制学生的思维,把相关的背景提供出来了,学生自然会从他们的角度和感受中得出不同的理解。

(二)用情来解情

诗是主情的文学,情是诗的灵魂和内核。优秀诗歌的一个共同特征就是情绪真挚而热烈,它比其他文学体裁更能直接地表达人内心的这种情感冲动。因此,在进行中学语文现代诗歌教学设计时,应明确如何带领学生走进诗歌情感的殿堂。通常来说,可以运用的方法有以下几个。

第一,教师课堂上情绪要饱满,带着诗情走进作品。

第二,教师对诗歌情感的感受与理解要到位,即教师对诗歌感情的理解要与诗歌作者所传递的感情相一致。

第三,教师解读诗歌的语言要准确、生动、鲜明,不能用自己呆板的、枯燥的、干瘪的、毫无韵味的教学语言,去解释诗歌中活泼的、丰满的、灵动的、鲜艳的语言,否则既是对诗歌的亵渎,也无法引起学生的学习兴趣。

（三）有意识地指导学生诵读

现代诗歌的美,必须通过诵读才能得到更加有力和细致的表现。因此,在进行中学语文现代诗歌教学设计时,要明确如何才能使学生能够完美地对诗歌进行诵读。为此,教师在课堂教学中必须教给学生一些常用的诗歌诵读方法,并随时对学生的诵读进行指导。

（四）突出诗歌的特点

在进行中学语文现代诗歌教学设计时,还需注重突出诗歌的特点。不同的诗歌要有不同的品鉴侧重,虽然都是现代诗歌类文体教学,但是不同的诗歌,主题是不同的,表现手法是不同的,诗人身处的时间空间、人生际遇也是不同的。因此,切不可千篇一律地用一种方法来讲所有的诗歌,要能够做到根据每首诗歌的不同特点,有所侧重地进行教学。

（五）避免对诗歌做过细的肢解和分析

诗歌教学追求诗味洋溢,最忌追问僵死的意义,要避免"过度阐释"、过多的意义解析,否则诗意便荡然无存。这就要求在进行中学语文现代诗歌教学设计时,不能对诗歌做过细的肢解和分析。

第二节　现代散文的教学设计

一、现代散文教学设计的原则

现代散文教学设计的原则包括以下几方面。

（一）整体性原则

中学散文教学必须遵循整体性的原则。中学语文教材选取的散文均属经典散文，写法均体现了传统散文的"形散神聚"的特点，在散文的教学中必须把握散文整体的意蕴之美，立足情感美，渗透语言美，二者相互融合为整体，不宜分开。完成这样的整体美读需要注意以下几个方面。

第一，教师少讲。

第二，学生多悟。

第三，重视体验。

第四，注意利用散文为学生创造的情感流、思想流来借机调动学生的口说与心说。

在中学语文教学中只有坚持以上几点，才能提高学生的语言表达能力和情感思想品质，才能使中学语文中的散文教学起到良好的效果。

（二）鉴赏性原则

鉴赏散文是学习散文的最重要的方式，鉴赏过程包含着分析、理解、共鸣等认知与情感的同化过程。其中鉴赏最重要的形式就是通过比较的方式来对所认知的对象进行认知与共鸣。散文教学最重要的手段就是在比较中使读者理解作者的思想感情，与作品进行深入的对话与情感交流，从而完成精神上的满足。在丰富的资料中，通过比较鉴别来更有深度地学习教学散文，使得学生能够不拘泥于教材，获得新境界，从而对散文教学具有浓厚的兴趣。

（三）感悟性原则

散文语言具有灵活性、广泛性、开放性、模糊性、生命性、生活化等特点。这些特点注定散文教学不能是科学理性的精确化、标准化等明晰规则的条块式学习。散文创设的优美意境需要学生在自读中感受，欣赏散文的最好条件就是要给学生较大的自由空间，使学生能够体会作者的思想情感，从而净润灵魂、陶冶情操，完成对文字情感的感悟与体验。

（四）对话性原则

散文所散发的各种情绪与表达的观点都可能与学生产生情感的共鸣与争鸣，留给了学生广阔的思考空间。这就使生生之间、师生之间、作者与学生之间的对话成为可能，在对话中，学生可以认知、感受情与理的价值和目的，为学生提高思维品质、优化思想情感创造了条件。对话式的教学为学生学习散文创造了更大的学习空间，容易使学生养成乐于思考、积极参与的良好学习习惯。

（五）积累性原则

散文的学习无论是语言习得，还是思想情感的凝聚，学生都不可能从几篇文章中完成，而是一个不断积累的过程，因此，现代散文教学在设计的过程中一定要遵循积累性原则，重点培养学生的散文阅读、能力与写作兴趣，提倡学生自读、自悟，从而完成对语言风格与思想情感的品味与积累。

二、现代散文教学的目标

现代散文教学是中学语文教学中非常重要的一个环节，由于其既经历了一定时间的洗礼，又比较贴近当代生活，所以在中学语文教学中备受青睐。这些文质兼美的现代散文,对学生品质、能力的形成可以起到不可低估的作用。现代散文教学,能实现以上语文新课标的诸多目标,这决定了现代散文教学在中学语文教学中的举足轻重。可以说,要了解中国文学,不能不了解中国现代散文;要研究中国文学,不能不研究中国现代散文;要培养中国新世纪全面发展、素质高强的人才,更不能不教学中国现代散文。具体来说,现代散文在教学中的目标主要包括以下几点。

第一,通过阅读这些优秀的散文,学生能够从整体上把握文本内容,厘清思路,概括要点,理解文本所表达的思想、观点和感情。

第二,通过阅读这些优秀的散文,学生能够发现问题、提出问题,对文本做出自己的分析判断,努力从不同的角度和层面进行阐发、评价和质疑。

第三,通过阅读这些优秀的散文,学生能够通过对有关知识、能力、学习方法和情感、态度、价值观等方面要素的融汇整合,切实提高语文素养,发展独立阅读的能力。

第四,通过阅读这些优秀的散文,学生能够根据语境揣摩语句含义,运用已有知识,帮助理解结构复杂、含义丰富的语句,体会精彩语句的表现力。

第五,通过阅读这些优秀的散文,学生能够品味语言,感受其思想魅力,体会大自然和人生的多姿多彩,能够不断充实精神生活,完善自我人格,提升人生境界。

第六,通过阅读这些优秀的散文,学生能够养成独立思考、质疑探究的习惯,追求思维的创新、表达的创新,获得新的体验和发现,不断提高独立思考能力、探究合作能力,逐步养成严谨、求实、求新的学风。

第七,通过阅读这些优秀的散文,学生能够领悟其丰富内涵,探讨人生价值和时代精神,以利于形成自己的思想、行为准则,增强明辨是非的能力,树立积极向上的人生理想。

第八,通过阅读这些优秀的散文,学生能够通过对现代散文的阅读、鉴赏,感受其艺术魅力,发展想象力和审美力,提升审美境界。学生在欣赏、品味中,会逐步形成提高感受美、理解美的能力,陶冶自己高雅的审美情趣,丰富自己健康的内心世界,激发起发现美、创造美的欲望。

三、现代散文教学内容的设计

散文的一个重要特点就是"美",因此,现代散文教学的核心内容就是带着学生去发现美和体会美。

(一)发现散文中的语言美

任何一种文体都有相同的媒介——语言。语言运用的自如与否,直接决定了文章的质感。散文的语言大都朴素、自然、流畅、简净,虽不刻意雕饰却不乏文采,虽不有意追求却自得其意蕴。而且,散文的语言经过情感的陶冶、渲染,又具有很强的抒情味和感染力。如老舍的《济南的冬天》:

小山整把济南围了个圈儿,只有北边缺着点口儿。这一圈小山在冬天特别可爱,好像是把济南放在一个小摇篮里,它们安静不动地低声地说:"你们放心吧,这儿准保暖和。"

这篇散文亲切、自然、动情、有韵味,读起来有一种自然流动的节奏感。这种最朴实最温暖的语言,是中学生学习的最佳范例。

(二)体会散文中的情感美

散文是一种开放心灵的艺术,是作家对生活的热情拥抱,对世界的深刻省悟。散文是作者饱蘸着酣畅淋漓的情感写出来的,如果没有了情感,散文的美就会大大逊色。只有最纯最真的情感才能引起读者的共鸣。情感是滋润散文的养分,没有情感的散文毫无价值可言。因此作家在写作散文时,往往在谋篇布局之间已将自己的深厚的情感、精辟的见解蕴藏其中。于是在教学时,就需要以情感为纽带,引起学生的共鸣,把学生带进作品所蕴藏的情感世界去体验,去领悟。

（三）明辨散文中的哲思美

散文中的哲理,是散文作者通过生活的感受和思考,在谈天说地、写景抒情、托物言志揭示出来的生活本质和人生奥秘的真谛。我们对散文的语言美、形式美的感受往往更表象更直观,但是要想体会散文的哲思美,不仅要有发现美的眼睛,还要有感受美的心灵,它需要我们静静地去思考、去沉潜。随着时代的变迁和文学自身的发展变化,散文作品更多地表现自我意识,倾诉心底波澜。正因为如此,优秀的散文作家在自己的作品中会体现出本真的、独特的生命体验,并借助深邃而又形象的精神创造,自觉或不自觉地袒露自己的"人间情怀",表达对于世界、自然、人生的执着追求和深层思考。散文的思想内容因此更具有多样性、包容性、思辨性和哲理性,散文作品也会因此呈现出多元而又丰富的审美形态(顾明,2014)。

（四）理解散文中的形式美

散文的一个重要特点就是"散","散"就是散淡散漫、自由灵活。这种自由灵活,表现为在服从内容需要的前提下,写法不拘一格,任意起止,但形散神不散,正是因为作者对所写材料十分熟悉,胸有成竹,能够为散文设计出最佳的结构蓝图,同时又具有娴熟的表现技巧,能轻松自如地使那结构蓝图得以实现。例如朱自清的《春》,只是围绕一个中心,牵住一条线索组织材料,控制思路,看起来形式比较松散、自由,其实脉络、层次十分清晰。文章的第一节、第二节起着总起的作用。写了春天来到,万物苏醒,一派生机勃勃的景象;第三、第四、第五、第六节是分述部分,第三节运用拟人化手法描写了春草活泼调皮的样子。第四节描写了春风中温柔的柳枝,混合的气息,鸟儿的歌喉,牧童的短笛,第五节描绘了春雨美景,第六节写了春天里,人们赶趟儿似的,一个个出来舒活舒活筋骨,抖擞抖擞精神;第七、第八、第九节运用博喻的修辞手法,把春天比作刚落地的娃娃、小姑娘、健壮的青年,起着总结全文、寄寓主题的作用。

需要指出的是,除了文章的整体结构布局是我们鉴赏的主要内容之外,作者用笔的繁与简,材料使用的疏与密,联想的放与收都是散文形式美的重要内容,在教学中也是要加以注意的。

（五）感受散文中的意境美

一篇优美的散文作品中往往也有其意境之美。有了意境的渗透、交融,散文才能绽放出其特有的生命力与活力,才能更加富有生气。散文中的“意”是作者在文中流露出的思想感情。这种感情,一般来讲作者是不会直接表达的,它必须有所寄托,或者托于某景,或者托于某物,或者托于某事,于是就形成了借景抒情、托物言志、因事明理。这里寄托的景、物、事就是“境”。所以,在散文中,单纯的景物描写谈不上意境,也很少有作家单纯地描写某一景物。意境就成了外在的境界、景物,与作者心中的喜怒哀乐的高度统一。所以,散文教学如果不能唤起学生丰富的联想和想象,产生一种思想感情与描写对象融合为一的艺术境界,就不算达到目的。

四、现代散文教学设计的基本策略

虽然不同类散文在教学中有不同的侧重,但是同为现代散文这一类文体,它们的共性也是明显的,下面我们就从现代散文的共性出发,来探讨现代散文教学设计的一般策略。

（一）学习作者如何用特定的形式表达特定的内容

1. 关注散文中特殊的修辞手法

修辞是每一个作家,甚至我们普通人写作的必要手段。到了中学,尤其是高中,再讲修辞就要讲学生不熟悉的,或是这一篇文章中非常有特点的修辞手法的使用。例如《故都的秋》一文中运用大量的排比，并且基本上都是由名词或动词性短语构成的短排，极力渲染气氛，极力加浓情感，显得意蕴深挚动人：

"可是啊，此国的秋，却特别地来得清，来得静，来得悲凉。"

"此方的秋雨，也似乎此南方下得奇，下得有味，下得更像样。"

"秋的味，秋的色，秋的意境和姿态，总看不饱，尝不透，赏玩不到十足。"

"在南方每年到了秋天，总要想起陶然亭的芦花，钓鱼台的柳影，西山的虫唱，玉泉的夜月，潭柘寺的钟声。"

这样的句式读起来也很有特点，给人一气呵成之感，却绝无矫揉造作之姿。既显得气势磅礴，工致典雅，又在形式上，具有语言整饬之美，读起来朗朗上口。

2. 关注不寻常的、陌生化的词语

作者在创作时，日常词语往往是信笔流出，那些不寻常的、陌生化的词语，往往才是作者倾注心血去锤炼的，它含有日常语言所无法传达的意义，含有作者在特定时刻需要传达的复杂而微妙的情感。教师要善于寻找这些不寻常的、陌生化的词语，并通过替换以及比较，让学生感知锤炼语言的重要性，思考作者为何要这样下笔，既可以获得更多的信息，又可以把握行文的逻辑。教师在领着学生品味这些词的时候，要创设具体的语境，让学生通过比较来感受、辨析、揣摩，在潜移默化中让学生吸收这些典范的语言材料。

3. 关注散文中有特点的表现手法

散文的表现手法有很多，鉴赏散文的表现手法，要让学生明确各种手法的定义、适用范围，相近手法之间的区别，但是相近手法的辨析应该是散文鉴赏中的一个难点。例如：联想和想象，对比和衬托，铺垫和伏笔，插叙和补叙等的区分。如何用精要的语言让学生一下子将这些纷繁复杂的表现手法区分出来，而真正地会辨别，会使用，是教学的用力点。让学生对这些表现手法有所

了解和区分,其目的不仅是会做题,更多的是学会对散文的鉴赏,知道为什么作者写出来的文章具有如此的感染力和艺术魅力,进而将这样的手法运用到自己的写作之中,以增加作文的表现力。

4. 关注散文中的景物描写

散文中的景物描写,一般可分为以下两大类。

(1)专门的写景散文。专门的写景散文是作者到达某地见到某景或某物,触动了自己的灵感和才思,或精心雕琢反复推敲或一挥而就下笔成文,景物中一定包含着作者的情思与期待。

(2)不是专门写景的散文。除了专门写景的散文,还有一类不是专门写景的散文,其中却有景物描写,这些景物虽为客观存在,却一定是为作者主观情感服务的。也就是在这些景物中,作者一定是有话要说的。

景物的选取都是经过作者细心考虑,为情感及作者的心情服务的。景物描写能充分地显示出作者对自然景物的感受力和语言才华。教学中,教师要带领着学生反复品鉴,这是解读散文一条很重要的门径。

5. 关注表达方式的综合运用

我们常说的"表达方式"主要是指文章的写作方法,以及这种方法所表现出来的语言形式特点,主要有议论、描写、抒情、记叙、说明这五种。一篇好的文章,要注意这五种表达方式的综合运用。例如冰心的《荷叶·母亲》第一部分作者就平淡地叙述,写父亲的朋友送我们两缸莲花,引起我对往事的回忆;第二部分进行细致地描绘了雨中荷叶护红莲的动人情景;第三部分作者采用了抒情和议论相结合的手法,点明主旨,表达作者对母亲由衷的感激与爱恋。由于前面的叙述和描写很到位,第三部分的抒情和议论就变得水到渠成。作者对母爱的歌颂和赞美就非常能够打动人心。

（二）让学生学会抓住文眼

清代文论家刘熙载说："（文章的）字句能与篇章映照,始为文中藏眼。"（刘熙载,1978）由此可见"文眼"是文章的精魂所在,是全篇艺术构思的焦点所在。抓住"文眼"进行分析,就能顺势牵出一条线来,让文章脉络清晰地呈现在读者面前,便于我们领悟文章的主旨和神韵。

抓文眼,首先要找准文眼,一般来说,散文的文眼常在开头或结尾。以朱自清的《荷塘月色》为例,文中的第一句话"这几天心里颇不宁静"就是文章的文眼,这句话表达了作者当下的心情。以下朱自清所写的荷塘,都是在他的这种心情笼罩之下所见到的荷塘,荷塘是"薄薄的青雾浮起在荷塘里""叶子和花仿佛在牛乳中洗过一样""天上却有一层淡淡的云",这些都是与作者内心的苦闷与矛盾相一致的,作者希望通过这些景物来呈现自己孤身"独处"的妙处与悠然自得的心情,从而层层映衬"文眼"——"心里颇不宁静"。这一切景物都是带着作者的感情色彩的荷塘,情感是这片荷塘的生命,唯有了解作者的情感,我们才能还原当时的荷塘。

一般来讲,"文眼"就是全文思想的核心和关键。一篇散文如果找到了"文眼",循着它一路走来,线索脉络也就自然呈现出来了。但需要注意的是,"文眼"只是辅助我们理解文章的工具,并非一个硬性的指标。"文眼"可以是一个字、一个词、一句话,也可以是一个细节、一景一物,甚至一缕情丝。"文眼"不是每篇文章都必须有的,因此也不能牵强附会,生拉硬套。

（三）引导学生领悟散文中的情感

情感是散文的生命,但是散文情感所表现的方式是不同的,或隐或显,尤其是对于一些叙事类散文来说,作者的情感不是直接表达的,教师要带领学生去"感受",必须要有一个让学生自己去慢慢体会与领悟的过程。具体来说应做到以下几点。

1. 情感体验要有深度

对于中学生而言，年龄和阅历是他们理解散文的"硬伤"。"原发体验"是指学生在阅读过程中、思考之后可以独自获得的体验，与他们的思维水平相符。但如果散文课的情感体验至此方休，就体现不出情感是散文的生命"了。教师在教学过程中，要激发学生的"后续体验"。首先要让学生明确，在一个对生活有着精致感悟、有着深厚的文化底蕴和独特思想的文人面前，美是情之所至，是对生命的热情，是偶发的情思。这种体验是生命的感受，是人世间永恒轮回的象征。一个人不能欣赏生命的凋零与陨落之美，也很难真正欣赏生命的昂扬遒劲之姿。这就是经过教师引导之后的"后续情感"。美是多元的，美是丰富的，通过这样的文章，开拓学生的审美领域，拓展学生的审美视界。

2. 了解作者的特殊经历或为此文的特殊情感

散文是抒发作者独特感受的，散文的阅读往往需要与作者这个人联系起来。一篇散文，是作家一时、一地的情感倾泻，这一时、一地于作家本人来讲往往就显得特别重要，是理解文章的突破点。知人论世、知人品情。拂去共性的认知，才能看到属于作家自己独特的心灵体验。我们通过作品来了解、感受作家这个人，通过作家这个人来分享、领会他所写的这篇散文作品。尤其是当学生被美景感染时，他们一定会更渴望了解景物背后的那一颗心灵；反之，当学生们对作家这个人有了更深的理解之后，会对他笔下的景物体会和感觉得更深入。因此，一定要了解作者的特殊经历或为此文的特殊情感。

3. 创设与散文情感基调一致的教学氛围

每一篇文章的情感基调都是不同的，所以课堂中教师要创设与文章的情感基调相一致的氛围，使之与课堂教学气氛相协调。例如，有的老师在教学《济南的冬天》的时候，选择了皑皑白雪覆盖下的图片展示给学生看,这就与文中的描述,"最妙的是下点小雪呀。""山坡上,有的地方雪厚点,有的地方草色还露着"相去甚远。

4. 触发学生情感的共鸣

情感,往往是教师从一个成人的角度进行理解,中学生难有共鸣。能感动成人的不一定能感动青少年,能感动教师的不一定能感动学生。如果找不到共鸣的地方,教师在讲台上激动不已,学生在下面则无动于衷。所以,触发学生的情感共鸣非常重要。最直接的办法就是结合学生们熟悉的生活经历,使文章中的情绪点和学生的情绪点对接,唤醒他们的情感体验。

（四）体会作者创设的意境，展开想象的空间

散文中的意境具有情景交融的表现性、虚实相生的结构特征和韵味无穷的审美特征。它是作者的主观思想感情和所描绘的客观物境、生活图景相交融而熔铸在作品中的能够把读者引入充分想象空间的艺术境界。它是内情与外物、主观之"意"与客观之"境"的辩证统一。只有读者理解和接受的意境才能称之为意境,我们体会作者所创设的意境最好的媒介就是想象。如《背影》一文中的父爱,为什么直至"近几年来,家中光景是一日不如一日"之际,收到父亲的悲观而故作达观的信后,作者对父亲的挚爱才得以像火山一样喷发呢? 这是因为父子在时间、空间感情的适当距离产生了美。它使读者能从车站送别和爬铁轨的"背影"中联想到父亲的身世,产生联想和情感共鸣,这正是意境的艺术效力。我们在带领学生读的时候,也一定要通过联想和想象,把这些镜头补充出来,才能感受当时的情境。

（五）重视阅读的力量

朗读是一种眼、口、耳、脑并用的综合阅读活动,是课文学习中从字词句段到篇,从文字到语音、语义,从表层意思到潜在情味

的全面感知。指导有方的朗读教学,能让学生在朗读之中认知文字,感受声律,体味词句,领会情感,品味意境,培养语感。在中学现代散文教学的过程中要充分利用课堂教学的时空,运用自由朗读、跟读学读、感知性朗读、模仿性朗读、熏陶性朗读、体验性朗读、分角色朗读、表演性朗读、个性化朗读、竞技性朗读等各种手段和方法,对学生进行扎扎实实的训练。

第三节　现代小说的教学设计

一、现代小说教学目标设计的原则

设计现代小说的教学目标必须遵循以下四条原则。

(一)层次性原则

依据教材内容和学生个体差异,现代小说教学目标的设定一般可分为三个层次(表 10-4)。

表 10-4　现代小说教学目标设定的层次

层次	内容
初级层次目标	初级层次目标学生掌握教材中最基础的语文知识,具有基本技能,基本完成课堂教学任务
中级层次目标	中级层次目标是学生能较好掌握语文基础知识和基本技能,能够独立阅读,体会文章蕴含的情感,写作能较好地表达自己的意愿
高级层次目标	高级层次目标是学生能进一步拓宽语文学习的视野,发展思维,提高能力,能欣赏文学作品,并从中受到感染和激励,向往和追求美好的理想

(二)全面性原则

制定现代小说教学目标的时候一定要遵循全面性的原则。既根据具体的学习内容,制定明确的语文知识、能力目标,又有情感态度、价值观方面的目标,潜移默化地培养学生正确的价值观、人生观、世界观，使学生形成良好的道德品质。

（三）灵活性原则

在设计现代小说的目标时一定要遵循灵活性的原则，这一原则要求设定现代小说教学目标要以生为本，实事求是，在教学中根据教学内容变化和学生学习情况随机调整教学目标，乃至让学生参与确定教学目标。教学目标是在教学过程中达成的，应充分考虑学生原有的基础和学习过程中实际需要的变化，况且目前我国的语文教育城乡之间、学校之间、学生个体之间差异悬殊，教学目标应该区别对待。

二、现代小说教学内容的设计

（一）了解情节

情节是指一系列事件的发展和变化过程，包括开端、发展、高潮和结局四个部分，有的作品兼有序幕和尾声。鉴赏小说首先要从情节入手，抓住了情节的线索，我们便对小说中事件的展开有了一个基本的掌握，知道事件是如何开始的，经历了一个怎样的过程，最后有了一个什么样的结局。了解情节，就如同打开了进一步学习小说的大门。

1.小说的情节线索

小说的情节线索大体可以分为"单线"和"复线"两种。

（1）单线。"单线"小说的线索可以是人，也可以是物，还可以是事件。以人为线索的如《孔乙己》中的咸亨酒店小伙计；以物为线索的如《最后一片叶子》是以叶子为线索；以事件为线索的如《一件小事》，围绕着车夫救人的事件展开。

（2）复线。"复线"适用于一些长篇的、人物众多的小说，例如《药》，以华家给华小栓用人血馒头治病这件事为明线，以青年革命者夏瑜被害这件事为副线，最终两座并行的坟墓将这两条线索融汇到一起。

需要注意的是，这些线索往往反映着人物之间的行动关系，上述的线索梳理多是流于表面的，有的小说可以分析得更深层，小说本身就是一种关于心理和人性的艺术。

2. 情节的非顺序性

一篇完整的小说是以序幕—开端—发展—高潮—结局—尾声这样的顺序来展开的。但是有的时候，小说在叙述的过程中往往采用改变顺叙的方式，如把结局或尾声提前，在教学中要提醒学生注意，并加以分析。如《祝福》一文，作者就将结局提前，采用了倒叙的方式（图 10-1）。

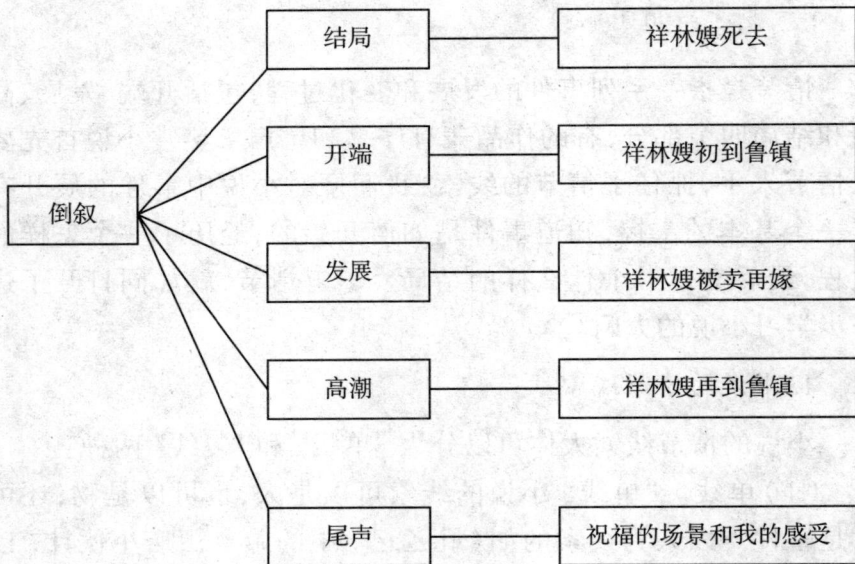

图 10-1 《祝福》中的倒叙

除了倒叙，还有插叙和补叙。插叙是在叙述中心事件的过程中，为了帮助开展情节或刻画人物，暂时中断原有的叙述线索，插入一段与主要情节相关的内容的叙述方法。插叙可以对情节起补充衬托的作用,还可以使人物形象更完整。补叙,也叫追叙,是行文中用三两句话或一小段话对前边说的人或事做一些简单的补充交代。这都是小说常用的手法。

（二）关注环境

理解小说中环境描写的作用,是小说教学的重要内容。

1.用环境来交代背景

描写自然环境和社会环境,可以增强小说的真实性。交代故事发生的背景,以便推进故事进一步的发展。

2.用环境来渲染气氛

无论一篇小说的情感基调是悲壮凝重还是轻松欢快,我们都会发现,小说中的环境描写总是能够恰切地贴合气氛,并且渲染这种气氛,让感情基调更容易被辨认出来。

3.用环境来推动情节发展

小说中的情节发展与环境描写往往是相互依存、相互制约的,环境描写以情节为依据,而情节发展又离不开环境描写。例如在《林教头风雪山神庙》中,风雪就是推动情节发展的强有力因素。正因为风雪大作,林冲才会喝酒暖身、御寒,才会在沽酒途中见到山神庙;正因为风雪大作,草厅才被摇撼、压垮,林冲才被迫到山神庙里安身。

4.用环境深化主题

小说的主题与环境密不可分,环境有时甚至会起到深化主题的作用。《祝福》中开头描写鲁镇的"祝福"景象:

这是鲁镇年终的大典,致敬尽礼,迎接福神,拜求来年一年中的好运气的。杀猪,宰鹅,卖猪肉,用心细细的洗,女人的胳膊都在水里浸得通红……但拜的却只限于男人,拜完自然仍然是放爆竹。年年如此,家家如此,——只要买得起福礼和爆竹之类的,——今年自然也如此。

这些"祝福"景象的描写,为祥林嫂悲惨命运埋下了伏笔。同时,也显示了辛亥革命以后中国农村的落后状况。

结尾再现"祝福"的景象:

只觉得天地圣众歆享了牲醴和香烟,都醉醺醺的在空中蹒跚,预备给鲁镇人们以无限的幸福

祥林嫂死的惨象和天地圣众"预备给鲁镇的人们以无限的幸福"的气氛,形成鲜明的对照,揭示了祥林嫂悲剧的社会根源。

（三）分析人物

一般来讲,分析人物要经历如下的步骤:分析人物的性格—分析人物之间的关系—分析人物存在所昭示的思想意义。

1. 分析人物的性格

可以通过对该人物的外貌描写、心理描写、语言描写、细节描写等分析人物的性格。

2. 分析人物关系

正所谓单丝不成线,独木不成林。小说人物的性格只有在人物与人物之间错综复杂的矛盾关系之中才能展现出来。

3. 要分析人物存在所昭示的思想意义

如果说,分析人物的性格、分析人物之间的关系,都是为分析小说主题服务的,那么分析人物存在所昭示的意义这一步就是达到小说主题的直通车。小说有着强烈的虚构性,小说中的人物往往是"典型环境中的典型人物",作者着意揭示的往往不是一个人,而是一类人。

（四）挖掘主题

深刻的主题是一篇小说被选入教材的一个核心支撑。如果说小说的人物、情节、环境让学生得到的更多是言语上的熏陶,那么小说的主题则会让学生受到心灵上的震颤,对其人格的完善与

养成具有重要意义,因此,现代小说在设计教学内容时一定要注意对主题的挖掘。

三、现代小说教学设计的基本策略

(一)重视复述的重要作用

复述是在文本基础上的二次叙事,发源文本,凭借复述者主体的体验和记忆,复述者在这些材料的基础上重新进行选择、重构文本。在复述过程中,既是对情节的梳理,又是对学生口语交际的训练。小说的篇幅比较长,复述过程也是对学生记忆整合能力的考验,学生在这个过程当中,肯定要对材料进行一定的组合和改变,在这个过程中,学生的表达能力、写作能力也会相应得到提高。在小说教学中,只要复述环节做得恰当,指导得法,复述对学习产生的效益是难以估量的。

(二)挖掘深刻而多元的主题

一般来讲,优秀小说的主题都是比较含蓄的,作者总是把自己的思想感情隐蔽在人物形象之中,所以,主题的深刻和多元往往都是通过我们对人物的认知和评价得来的。例如《孔乙己》这篇小说,大家比较公认的主题就是封建科举制度对读书人的残害,除了这一主题之外,作者还通过一个性格有残缺但又善良的读书人在社会中所经历的遭遇,给我们展示了人灵魂的麻木与愚昧。让学生理解主题的多元,其实就是拓展学生多侧面、多角度的思维。

(三)明白人与人之间的关系是表现人物生存的重要环境

环境是解读小说重要的一部分。环境通常分为自然环境和社会环境,但是作品的实际情形告诉我们,最真实最能表现人物生存的环境,除了自然环境、社会背景之外,还有人与人之间的关系。比如,在《孔乙己》一课中,就体现了方方面面的人物关系,而这种人物关系就是孔乙己所生活的社会环境,这对孔乙己未来的命运发展具有重要的意义。

（四）关注人物的复杂性及性格的发展变化

人物的性格往往是矛盾的、复杂的、立体的,真正成功的人物形象看似简单,其实饱满而充实。他仿佛会从课文中站起来,突出来。因此,中学教师在带领学生分析人物的时候,一定要关注到人物的复杂性及性格的发展变化。例如,《老人与海》这篇文章,老人的整体形象是刚强的、执着的、不向命运低头的、即使一无所获也要奋斗到底的硬汉子的形象。但老人并不是一个钢铁战士,在这个过程中,他也有过脆弱、黯然伤神,甚至懊恼和后悔。也正是因为这样,老人的形象才更真实、饱满。这个老人不是一个标签式的人物,他不是一开始就强大的,而是在战胜困难的过程中,一点一点地表现出他的强大,这就是作者的高明之处,也是我们理解人物的关键点。

参考文献

范冬冬 .2013. 语文学科知识与教学能力：初级中学 [M]. 北京：首都师范大学出版社 .

耿红卫 .2013. 中国语文教育史教程 [M]. 济南：山东教育出版社 .

郝丽琴 .2015. 中学语文教学设计与案例分析 [M]. 合肥：安徽大学出版社 .

黄淑琴 ,2013. 桑志军 . 语文课程与教学论 [M]. 广州：广东高等教育出版社 .

姜忞 .2015. 语文课教学设计经典案例研究 [M]. 武汉：武汉大学出版社 .

刘淼 .2005. 当代语文教育学 [M]. 北京：高等教育出版社 .

刘永康 ,翟启明 .2001. 中学语文教学论 [M]. 成都：天地出版社 .

钱威 ,徐越化 .2000. 中学语文教学法（修订版）[M]. 上海：华东师范大学出版社 .

荣维东 .2013. 语文教学原理与策略 [M]. 重庆：西南师范大学出版社 .

宋祥 .2014. 中学语文课程与教学设论 [M]. 长春：东北师范大学出版社 .

王飞 .2014. 跨文化视野下的教学论与课程论 [M]. 济南：山东人民出版社 .

王亚苹 .2016. 创意创新创造课程设计与实施 [M]. 北京：北京邮电大学出版社 .

王昱华 ,徐红岩 .2015. 中学语文教学探索 [M]. 成都：电子科技大学出版社 .

韦美日 ,等 .2015. 中学语文学科教学设计 [M]. 北京：民族出版社 .

徐丽 .2015. 中学语文课程与教学研究 [M]. 武汉：武汉大学出版社 .

印文霞 ,孙臣 .2006. 语文教育简论 [M]. 哈尔滨：黑龙江人民出版社 .

余立新 ,缪佳芹 .2014. 语文教学设计 [M]. 重庆：西南师范大学出版社 .

张鸿苓 .2002. 语文教育学 [M]. 北京：北京师范大学出版社 .

张华清 .2014. 教育情思 [M]. 济南：山东友谊出版社 .

张占杰 .2017. 中学语文教学法十讲 [M]. 芜湖：安徽师范大学出版社 .

张正林 .2014. 语文教学管窥 [M]. 贵阳：贵州大学出版社 .

郑艳 .2017. 中学语文教学设计 [M]. 重庆：西南师范大学出版社 .

钟启泉.2015.现代课程论:新版[M].3版.上海:上海教育出版社.

朱绍禹.2015.中学语文教学法[M].北京:中华书局.

朱志仁,徐志辉.2015.陶行知生活教育理论简明教程[M].长春:东北师范大学出版社.

马长安.2014.优秀语文教师教学艺术研究[M].合肥:合肥工业大学出版社.

邵长思.2017.中学语文教学流派与教学模式研究[M].广州:广东教育出版社.

李晓明,高长春.2012.中学语文实用课堂教学艺术[M].长春:吉林文史出版社.

欧治华2015..语文课程与教学的历史考察和现代建构[M].广州:广东高等教育出版社.

朱昌元,张震雷,冯妙群.2016.中学语文执教力:文本解读·设计·实施·评价[M].杭州:浙江教育出版社.

谭丹英.2015.中学数学教学技能训练教程[M].昆明:云南大学出版社.

刘正荣.2015.整体课堂管理教师手册(4):课堂创建[M].北京:北京教育出版社.

邵红立.2015.中学语文教学实践研究[M].成都:电子科技大学出版社.

吴洪成.2009.现代教学艺术的理论与实践[M].石家庄:河北人民出版社.

段昌平.2012.语文课堂教学操作艺术[M].北京:中央编译出版社.

《教师公开招聘考试专用系列教材》编委会.2011.学科专业知识:中学语文[M].北京:教育科学出版社.

本书编写组.2016.新课程初中学习能力自测丛书:语文[M].上海:上海科学技术出版社.

程少堂.2007.程少堂讲语文[M].北京:语文出版社.

褚树荣.2014.叩问课堂:语文教学慎思录[M].杭州:浙江教育出版社.

郭红.2016.作文能力培养与课堂教学设计[M].长沙:中南大学出版社.

国家教师资格统一考试规划教材编写组.2015.语文学科知识与教学能力:初级中学[M].北京:现代教育出版社.

何捷.2012.何捷老师的命题作文智慧[M].福州:海峡文艺出版社.

河北省教师教育专家委员会.2007.课程与教学论[M].保定:河北人民出版社.

李希贵.2001.中学语文教改实验研究[M].北京:人民教育出版社.

林润之.2011.语文课程与教学论学程[M].北京:语文出版社.

刘墨,欧阳芬 .2004. 初中语文新课程教学法 [M]. 北京：开明出版社 .

马恩来 .2013. 回归教育的本色 [M]. 成都：西南师范大学出版社 .

彭小明 .2009. 语文课程与教学新论 [M]. 杭州：浙江大学出版社 .

施光跃,李荣,邬旭东 .2007. 新课程与教师专业化发展 [M]. 合肥：合肥工业大学出版社 .

特岗教师招聘考试命题研究中心 .2010. 教育理论综合知识：中学 [M]. 北京：中国经济出版社 .

童一秋 .2002. 语文大辞海：语文教育卷 [M]. 哈尔滨：黑龙江人民出版社 .

王德俊,王格奇 .2002. 新课程教学设计：语文 [M]. 沈阳：辽宁师范大学出版社 .

王文彦,蔡明 .2002. 语文课程与教学论 [M]. 北京：高等教育出版社 .

杨德如,刘化众,金海侠 .1993. 语文教育学概论 [M]. 北京：中国科学技术大学出版社 .

袁仕勋,吴永忠 .2015. 教育学新编 [M]. 成都：西南交通大学出版社 .

张晓慧 .2013. 语文新课程理论与实训 [M]. 郑州：郑州大学出版社 .

张岩 .2013. 荒原中的舞者：程少堂语文教育思想研究 [M]. 北京：现代教育出版社 .

章国华 .2016. 初中语文研究 100 篇 [M]. 北京：光明日报出版社 .

周丽姐 .2011. 教育理论综合知识：中学 [M]. 武汉：华中师范大学出版社 .

朱本轩,冯守仲 .1991. 中学语文教材研究 [M]. 青岛：青岛海洋大学出版社 .

何更生 .2010. 中学现代文学作品教学设计研究 [M]. 芜湖：安徽师范大学出版社 .

贺卫东 .2011. 中学语文教材研究与教学设计 [M]. 西安：陕西师范大学出版总社有限公司 .

林春梅 .2009. 浅谈新课程背景下的语文教学设计 [J]. 安徽教育（7）.